Massimo Gramellini

Die letzte Zeile des Märchens

Massimo Gramellini

Die letzte Zeile des Märchens

Roman

Aus dem Italienischen von
Elisabeth Liebl

Mit Illustrationen von
Paolo d'Altan

KAILASH

Die italienische Originalausgabe erschien 2010 unter dem Titel »L'ultima riga delle favole« bei Longanesi & Co, Gruppo Editoriale Mauri Spagnol, Mailand.

FSC
www.fsc.org
MIX
Papier aus verantwortungsvollen Quellen
FSC® C014889

Verlagsgruppe Random House FSC-DEU-0100
Das für dieses Buch verwendete FSC®-zertifizierte Papier *EOS* liefert Salzer Papier, St. Pölten, Austria.

1. Auflage
Deutsche Erstausgabe

Lektorat: Claudia Franz
Satz: EDV-Fotosatz Huber/Verlagsservice G. Pfeifer, Germering
Druck und Bindung: Pustet, Regensburg
Printed in Germany
ISBN 978-3-424-63040-4
www.kailash-verlag.de

Für Mario Spagnol (1930–1999),
der es immer schon wusste

Inhalt

Die Thermen der Seele

Denn wo der Anfang ist, wird auch das Ende sein.

Thomas-Evangelium, 18

Es war einmal – und ist noch immer – eine neugierige Seele, die durch den grenzenlosen Raum schweifte, ohne eine Liebe zu finden, in der sie aufgehen könnte. Sie trieb auf einem abgrundtiefen Meer der Langeweile, als sie plötzlich etwas pulsieren spürte. Ein Licht aus Klang, dessen Schönheit sie betäubte. Und sie sprach nur ein Wort und ging in dich ein.

An diesem Punkt habt ihr alles vergessen und angefangen zu leben. Du und deine Seele.

Glücklich und zufrieden bis ans Ende eurer Tage, so verspricht es die letzte Zeile des Märchens. Stattdessen habt ihr euch in einem Käfig wiedergefunden, dessen Gitterstäbe aus Schmerz bestehen. Ihr könnt nicht miteinander noch ohneeinander sein. Und so wandert ihr ziellos dahin, beladen mit der Bürde eures Unglücks. Die Zukunft ist euch nichts als ein wüstes Land, wo das Heimweh die Träume erstickt, das Bedauern die Hoffnung.

Liebe Leserin, lieber Leser, lass den Mut nicht sinken. Früher oder später – eher früher als später – wird auch in deinen Träumen der Klang der Flöte ertönen.

»Sie ist deine Seele! Das ist kein Zufall. Wenn du dich nicht in sie verliebst, wirst du nie etwas lieben.«

»Mich in meine Seele verlieben! Wie soll das denn gehen?«

»Ich gebe dir einen Hinweis. Fang noch einmal von vorne an …«

Michael

Der Held unserer Geschichte warf die Zeitschrift auf den Tisch. »Was für eine abgeschmackte Gefühlsduselei«, sagte er.

Und schnitt das Ganze aus.

Prolog

In dem der Held einen Anruf erhält, den er eigentlich selbst hatte tätigen wollen, und darüber so erschüttert ist, dass er sich ins Blaue verliert.

I

Arianna war genau die Art von Mädchen, in die er sich hätte verlieben können. Zeit zu verschwinden also, bevor es zu spät war.

Es war nur noch weniger als eine Stunde bis zu ihrer Verabredung. Allein schon bei dem Gedanken fing er an zu niesen. Nun gut, er würde sie eben anrufen und ihr sagen, dass er sich eine ansteckende Erkältung zugezogen habe und nicht mit ihr zu Abend essen könne.

Er kramte nach dem Geldschein, der in seiner Hosentasche einsam dahinsiechte. Auf den Rand hatte er in seiner merkwürdigen Hühnerklaue eine Nummer gekritzelt, die er jetzt in sein Telefon tippte. Ein kurzes, fatales Zögern, und es schrillte zwischen seinen Fingern.

»Ich kann heute Abend nicht mit dir ausgehen …«, sagte das Mädchen am anderen Ende der Leitung, das Mädchen, in das er sich hätte verlieben können.

Sofort verliebte er sich.

»Hast du etwa Erkundigungen über mich eingezogen?«

»Nein, ich habe nur schon etwas vor … ich hatte es vergessen.«

»Verstehe.«

»Das kannst du nicht verstehen. Und ich kann es nicht erklären … es hat mit jemand anderem zu tun …«

Hier legte Arianna eine Pause ein, die länger war als die anderen. Er vergaß zu atmen. »Vielleicht … irgendwann in den nächsten Tagen …«

»Natürlich, irgendwann in den nächsten Tagen.«

»Gute Nacht, Tomàs … Träum was Schönes …« Damit legte sie auf.

Tomàs stand da und presste das Telefon ans Ohr, eine ungeladene Waffe. Er steckte den Geldschein in die Tasche zurück und fing wieder an zu niesen.

II

Man war ihm zuvorgekommen. Ausgerechnet ihm, dem Deserteur der Liebe, der die Frauen mit Aufmerksamkeiten überschüttete, im entscheidenden Moment aber panisch floh und eine Spur von Lügen hinter sich herzog. Anders als die üblichen Flüchtlinge setzte er sich allerdings nicht ab, weil er die eigene Frau nicht betrügen oder eine Erinnerung nicht trüben wollte. Wie jeder echte Serienmörder bewohnte Tomàs sein Herz allein.

Er zerstäubte ein weiteres Niesen in den ohnehin schon feuchten Raum. Auf Höhe seines Magens schien eine Betonkugel zu tanzen, und Nase, Augen und Hände hatten zu tropfen begonnen, als hätte jemand vergessen, den Wasserhahn zuzudrehen. Seine Allergie ließ ihn nie im Stich, wenn er eine Ausrede brauchte.

Er würde einfach für ein paar Stunden ans Meer fahren. Nur die salzhaltige Luft konnte die Launen seines Immunsystems wieder beruhigen. Am Wasser entlangzutänzeln und den Wogen auszuweichen war zudem eine der kindlichen Vergnügungen, die ihm noch das Gefühl gaben, lebendig zu sein.

Seine üble Laune nahm er ins Auto mit, wo er das Radio einschaltete, um nicht nachdenken zu müssen. Die

Abendnachrichten. Auch an diesem Tag hatte die schlechteste aller möglichen Welten ihr Bestes getan, um das Leid zu vermehren: Ein Surfer war von den Wellen verschlungen worden, und eine Fernsehschauspielerin war bei einer Kreuzfahrt mit ihren Fans auf mysteriöse Weise über Bord gegangen.

Er hielt an einem Stehcafé und merkte plötzlich, dass er sein Portemonnaie zu Hause vergessen hatte. Als er das ungenießbare Brötchen mit dem Geldschein zahlte, auf den er Ariannas Nummer gekritzelt hatte, sagte er sich, dass er das nur tat, weil er großen Hunger und kein anderes Geld hatte. Im Grunde aber wusste er, dass er aus einem dieser selbstzerstörerischen Impulse heraus handelte, von denen er sich gelegentlich leiten ließ.

Er lenkte den Wagen auf die Uferstraße und schimpfte auf die Autos, die nicht beiseite fuhren, denn offenbar wollten sie ihn alle ärgern. Im Scheinwerferlicht tauchte ein Mann auf, der wild mit den Armen fuchtelte. Ein Betrunkener, ein Zigeuner, ein Dieb, auf jeden Fall ein Mensch: eine unangenehme Spezies. Tomàs ignorierte ihn.

Er hielt am Strand und eilte barfuß dem tosenden Meer entgegen. Am Saum der Wellen begann er seinen eigenwilligen Tanz. Der ersten Welle konnte er noch ausweichen, die zweite durchnässte ihn bis an die Knie. Irgendwie hatte er gar keine Lust zu spielen. Er beschloss, zur Mole zu gehen, wo er als kleiner Junge oft auf den Sonnenaufgang gewartet hatte. Es war sein Traumbüro gewesen, in das er niemanden eingelassen hatte. Jetzt aber kam es ihm leer vor, und die Morgendämmerung war noch fern.

Hinter ihm erhoben sich plötzlich wirre Stimmen. Er drehte sich um. Schatten liefen auf ihn zu. Sicher irgendwelche Tunichtgute. Ihr Anführer blieb einen Schritt vor Tomàs stehen und stieß unverständliche Laute hervor. Die Augen traten ihm aus den Höhlen, der Blick war verzerrt und irr.

Tomàs sah keinen anderen Ausweg: vor ihm die Augen dieses Wahnsinnigen, hinter ihm das Meer.

»Ich habe nur ein wenig Kleingeld«, rief er und zog das Futter der Hosentaschen heraus.

Offensichtlich brachte die Höhe des Angebots den Durchgeknallten noch mehr in Rage. Er trat auf ihn zu und legte die Hände auf seine Schultern. Tomàs versuchte auszuweichen, doch er rutschte aus und fiel ins salzige Wasser, das so kalt war, wie man es außerhalb der Badesaison erwarten konnte.

Er versuchte zu schwimmen, doch die Zeit schien sich mit jedem seiner Züge auszudehnen. Als er es schaffte, den Kopf zu heben, krampfte sich sein Magen zusammen. Zwischen den Wellenkämmen japste er nach Luft und schrie den Sternen seinen pathetischen Hilferuf entgegen. Dann verließen ihn die Kräfte. Eine Mattigkeit überkam ihn, die er nur zu gut kannte, und er sank langsam und widerstandslos auf den Grund.

Noch nie hatte er sich gewünscht, tot zu sein, dazu hatte ihn dieser Gedanke viel zu sehr geängstigt. In diesem Moment jedoch schien ihm der Tod ein Komplize zu sein, der voller Erbarmen die Wunden verband, die er nicht zu heilen vermochte. Familie, Universitätsabschluss und Beruf konnte er getrost vergessen. Nur wenige Ideale, Freunde und Liebschaften galt es zu beweinen. Ein Leben ohne Sinn und ohne Herz.

Sein letzter Wunsch blitzte auf, als seine Zeit abgelaufen war. Gerne würde er sich von Ariannas Stimme in den Schlaf wiegen lassen, wenn er nur den Geldschein mit ihrer Telefonnummer wiederfinden könnte.

Er trieb auf einem abgrundtiefen Meer der Langeweile, als er plötzlich etwas pulsieren spürte. Ein Licht aus Klang, dessen Schönheit ihn betäubte.

Der Empfang

Wo Tomàs der Schönheit begegnet,
mit einem wasserspeienden Drachen kämpft
und so tut, als würde er schlafen.

III

Er lag im Bademantel auf einem Weidenrohrbett, das mitten in einem dunklen Zimmer stand. So dunkel war es, dass es durchaus eine Leichenhalle sein könnte, aber dafür war es wiederum zu warm im Raum.

»Ich bin also tot«, dachte er. Und nieste.

Tote niesen nicht, zumindest ist dies die gängige Meinung. Er kramte in seinem löchrigen Gedächtnis, das ihm Bilder von einer lebensbedrohlichen Situation des Ertrinkens lieferte. Vielleicht hatte er ja geträumt. Vielleicht träumte er ja immer noch. Irgendwo weit hinten hörte er den Klang einer Flöte, während im Halbdunkel plötzlich ein Wasserbecken sichtbar wurde, auf dem Rosenblätter schwammen. An der Wand hing ein Schild. Im Schein der Kerze las er die Aufschrift

… komm heraus aus deinem Kopf …

Tomàs hasste Rätsel mindestens ebenso wie Gefühlsduseleien, daher fragte er sich erst gar nicht, was diese Worte bedeuten sollten. Und da er schon seit einer Weile nicht mehr an Magie glaubte, kam er auch nicht auf die Idee, den Satz laut auszusprechen, um seine Tauglichkeit als Zauberspruch zu erproben. Als großer Fan von Actionfilmen stürzte er lieber, Schulter voraus, auf die Tür zu, die keinerlei Schloss aufwies. Bevor er sie allerdings einrennen konnte, besann er sich eines Besseren und legte lediglich die Stirn dagegen. Kampflos gab sie nach. Was für ein merkwürdiger Ort dies doch war: Um verschlossene Türen zu öffnen, musste man sie einfach nur aufdrücken.

Draußen erwartete ihn eine noch tiefere Dunkelheit. Herbststürme zerrten an seinem Bademantel, und er vergrub seinen Kopf in der Kapuze. In der Luft lag eine gewisse Wehmut, als zöge die Natur sich in sich selbst zurück, um neue Kraft zu sammeln. Schwache Öllampen beleuchteten einen Weg, auf dem trockene Blätter raschelten. Bald fand Tomàs sich am Eingang zu einem Kreuzgang wieder.

Er setzte seinen Fuß auf die Bodenplatten im Schachbrettmuster, als er jemanden seinen Namen sagen hörte. Abrupt drehte er sich um und sah eine dunkelhäutige Frau auf sich zukommen. Ihre hell leuchtende Tunika bildete einen scharfen Kontrast zur dunklen Haut. In der einen Hand trug sie eine Fackel, in der anderen ein dickes Buch.

Tomàs hätte gern einen Engel in ihr gesehen oder wenigstens eine Krankenschwester, aber die Dame ähnelte betrüblicherweise eher der Hohepriesterin eines blutigen Kultes.

»Willkommen, mein Herr. Wir haben Sie schon erwartet.«

»Wo bin ich?«

»Wo Sie hin wollten.«

»Ich wollte nirgendwo hin.«

»Sie hatten diesen Wunsch.«

»Nicht dass ich wüsste. Seit wann werden außerdem meine Wünsche erhört? Ich bin ein Niemand.«

»Möglicherweise haben Sie ja vergessen, welche Heldentat Sie vollbracht haben, als Sie auf die Welt gekommen sind. Schließlich waren Sie Sieger in einem Wettschwimmen zwischen Millionen von Spermien!«

Tomàs begann zu schwitzen. Hatte er nicht immer geglaubt, das Jenseits sei ein Märchen? Stattdessen war es ein Irrenhaus und insofern dem Leben nicht unähnlich.

»Und wer sind Sie?«

»Ich bin die Empfangsdame«, sagte die Schwarze Vestalin.

Körperlos tänzelnd wie eine Flamme im Wind strahlte sie den Zauber alles Unerreichbaren aus. Er sah sie mit federnden Schritten näherkommen, bis er lesen konnte, was auf dem Namensschild an ihrer Brust stand.

Stella Maris.

»Hier haben wir Ihre Reservierung, mein Herr. Ich muss Ihnen nur noch ein paar Fragen stellen, damit ich das Formular vollständig ausfüllen kann.«

Tomàs riskierte einen Blick in das Buch, ein Register, und sah das Foto von seinem ersten Geburtstag: wie er mit geblähten Backen die Kerze auf dem Schokoladenkuchen auszublasen versucht. Neben dem Bild stand etwas in einer komischen Hühnerklaue: *Dauer des Aufenthalts – noch unbekannt.*

»Hilfe!«, brüllte er und rannte fort.

Stella Maris hob nicht einmal den Blick vom Register. Warum nur verhielten sich alle auf die nämliche Weise, wenn sie hier eintrafen?

IV

Unser Flüchtling schleppte sich den Weg entlang und suchte verzweifelt den Ausgang, doch in welche Richtung er sich auch wenden mochte, stets langte er wieder bei demselben Wasserbecken an. Zwei Flamingos standen darin und schliefen. Sie hatten das rechte Bein angezogen und sahen so glücklich aus, dass er sie fast beneidete.

In der Mitte des Beckens erhob sich eine Drachenstatue. Mangels anderer Möglichkeiten beschloss Tomàs, daran hochzuklettern, aber kaum hatte er damit begonnen, als sich aus dem Rachen des Ungeheuers ein eiskalter Wasserstrahl ergoss. Tomàs verlor das Gleichgewicht und stürzte ins Becken zurück.

Mit kräftigen Zügen nahm er neuerlich Kurs auf die Statue, doch die Gegenströmung war zu stark. Nach heftigem Kampf gab er schließlich auf und ließ sich treiben. Er bekam fast keine Luft mehr, und seine Zähne klapperten wie Kastagnetten.

»Sie können wirklich so gut schwimmen, wie es hier heißt«, erklang die Stimme von Stella Maris hinter ihm. »Ich würde Ihnen allerdings raten, aus dem kalten Wasser zu steigen, sonst holen Sie sich noch etwas weg.«

Sie saß am Beckenrand und hatte einen trockenen Bademantel mitgebracht. Eigentlich arbeitete sie lieber mit Kindern. Die Erwachsenen waren zu ausgelaugt vom Leben, das Staunen war ihnen fremd geworden, und sie gaben viel zu leicht auf. Der Mann, den man ihr nun anvertraut hatte, schien allerdings anders zu sein. Unter der jammerseligen Hülle schlug das Herz eines Kämpfers.

Nachdem Stella Maris ihn in den Kreuzgang zurückgebracht hatte, hieß sie ihn, sich auf einer Liege ausstrecken.

»Könnten Sie mir vielleicht in wenigen vernünftigen Worten sagen, in welchem Albtraum ich mich befinde?«, keuchte Tomàs.

»In den Thermen der Seele, mein Herr.«

»Ich bin also tot?«

»Nicht dass ich wüsste. Sie sind hier, damit Sie endlich wieder zu leben anfangen.«

»Was ist denn das für ein Käse?«

»Das ist kein Käse, sondern ein paralleles Universum. Eine von zahllosen Möglichkeiten.«

Die Schwarze Vestalin legte Tomàs die Hände auf den Scheitel, und eine angenehme Wärme durchströmte ihn. Er fühlte, wie sich in seinem Inneren eine Stimme Bahn brach, nicht laut, aber bestimmt.

»Stell dir das so vor. Ja, stell dir das so vor, dass das Leben im Universum sich manifestiert wie Funkwellen in einem Autoradio. Es gibt eine Vielzahl von Frequenzen, doch deine fünf Sinne stellen dich nur auf einen einzigen Sender ein. Daher glaubst du, dass die anderen Frequenzen nicht existieren und deine Frequenz die einzige ist. Manchmal bekommt jemand andere Frequenzen herein, doch er empfängt das Signal verzerrt, sodass man ihn für verrückt hält. Sogar dem ungläubigsten Menschen gelingt es allerdings mindestens einmal im Leben, alle Frequenzen auf einmal zu empfangen.«

»Aber das kann nur geschehen, wenn man sich der Liebe öffnet«, fügte Stella Maris an.

Tomàs setzte sich auf.

»Die Liebe! Das ist doch nichts als flüchtige Gefühle und ein bisschen Leidenschaft. Die wahre Liebe gibt es nicht. Genauso wenig wie diesen Ort hier.«

In der Stille seines Herzens erklang jedoch wieder die Innere Stimme.

»Du hast aufgehört zu glauben. Ja, du hast aufgehört, an jene Dinge zu glauben, die du nicht sehen kannst. Aber die Wirklichkeit lässt sich nun einmal nicht allein mit dem Verstand und den fünf Sinnen erfassen.«

Tomàs kam das reichlich absurd vor. Wenn man den Verstand und die fünf Sinne wegnahm, was blieb denn dann noch übrig?

»Die Intuition«, antwortete Stella Maris. »Wer nur an das glaubt, was er mit den fünf Sinnen wahrnehmen kann, sieht das Leben nur von seiner ungerechten und bösen Seite.«

»Ich würde mich totlachen, wenn ich nicht schon tot wäre. Und warum hat mir nie jemand dieses große Geheimnis verraten?«

»Die Wahrheit kann nur Schritt für Schritt enthüllt werden, da der Mensch die unangenehme Eigenart hat, alles zu zerstören, was er nicht versteht.«

»Richtig, und ich verstehe immer noch nicht, weshalb ich hier bin.«

»Sie haben darum gebeten, mein Herr. Aus den Tiefen des Meeres haben Sie uns auf dieser Frequenz eine Botschaft der Liebe gesandt.«

Tomàs erinnerte sich nur noch, dass er an Arianna gedacht hatte.

»Hierher kommen all jene, die vor dem Leben davonlaufen, aber noch das Feuer eines unerfüllten Wunsches im Herzen tragen«, sprach die Schwarze Vestalin weiter. »Ein Mann, der sich aufgegeben hat, ist noch nicht gänzlich verloren. Sein innigster Herzenswunsch kann ihn retten.«

»Nie gehabt, solche Wünsche, verehrte gnädige Frau.«

Stella Maris senkte den Blick in ihr Buch.

»Hier steht allerdings einer vermerkt. Die Zwillingsseele zu finden.«

»Sie machen Witze, oder?«

»Wie bitte?«

»Ich sagte, dass ich Ihnen nichts zu sagen habe.«

»Sind Sie da ganz sicher?«

Tomàs senkte die Lider und tat, als würde er einschlafen. Das war seine Spezialität. Schon als Kind hatte er immer so getan, als schliefe er, wenn ihm etwas unangenehm war. Er drehte sich auf die Seite und fing an nachzudenken.

Über die Zwillingsseele.

V

Schon als Kind hatte ihn die Sache beschäftigt, als er noch sämtliche Besitztümer paarweise geordnet hatte: Quartettkarten, Spielsachen und natürlich seine Zinnsoldaten, immer schön in Zweierreihe. Mit offenem Mund hatte er seiner Mutter gelauscht, wenn sie ihm Märchen vorgelesen hatte, aber die letzte Zeile hatte ihn nie zufriedengestellt.

Und sie lebten glücklich und zufrieden bis ans Ende ihrer Tage. Zu gerne hätte er gewusst, was danach wirklich geschah.

Seit damals war ihm so einiges widerfahren. Der Kummer hatte sein Herz frühzeitig ausgebrannt, und über den Narben seines empfindlichen Wesens hatte sich die dicke Haut des Zynismus gebildet. Die hatte er auch bei anderen entdeckt, bei den Unverstandenen, den Hässlichen, den Desillusionierten. Jeder Mensch hatte gute Gründe, um nicht mehr an seine Träume zu glauben und sich vom Leben betrogen zu fühlen.

Und während er seinen Weg unter den tiefhängenden Wolken des Pessimismus fortsetzte, fühlten sich nur noch Mädchen zu ihm hingezogen, die ihm ähnlich waren, auch wenn sie sich untereinander stark unterschieden. Man erkannte sich im Spiegel derselben Krankheit: der Sehnsucht nach einem Gefühl, das nicht mehr in aller Reinheit aus den verhärteten Herzen floss.

Die menschliche Anatomie hatte er mit einer Schulkameradin erforscht, die er zwar aufregend fand, aber nicht achtete. Jahre später war er bei ihrer Hochzeit gewesen und hatte über die Paare gelacht, denen die maskenhafte Fröhlichkeit solcher Anlässe ins Gesicht geschrieben stand, wusste er doch von so manchen, dass sie unglücklich waren oder ihren Partner betrogen. Es war eher die Angst vor der Einsamkeit, die sie verband, als der Wunsch zusammenzubleiben.

Doch damals konnte er sich noch verlieben. Während seines ersten Jahres an der Universität hatte er sich mit Nachhilfestunden ein wenig Geld verdient. Er hatte versucht, einer höchst unkonzentrierten Schülerin ein wenig von Homers Genie nahezubringen, und sich plötzlich als Gefangener einer unmöglichen Liebe wiedergefunden.

Sie war die Tochter des reichsten Notars der Stadt und drei Jahre jünger als er. Ihr Wesen war so unberechenbar, dass man es für tiefgründig halten konnte. Er schrieb ihr nicht vorhandene innere Regungen zu, nur um seine Leidenschaft vor sich selbst zu rechtfertigen, eine Leidenschaft, die sich an der Unangemessenheit entzündete. Das Mädchen war es, das ihn schließlich verließ und nicht die geringste Mühe hatte, seinen Wiederannäherungsversuchen zu widerstehen.

Der Trennungsschmerz führte ihn auf den abschüssigen Pfad, auf dem man jede Selbstachtung verliert. Er schrieb ihr Hunderte von Briefen, verfolgte sie, dichtete einen Beatles-Song für sie um und legte auf einem Poster ihr Gesicht über das der Venus von Milo. Zu Neujahr stellte er ihr einen Sack mit dreihundertfünfundsechzig Geschenken vor die Tür. Das war ihr tatsächlich ein Dankeschön wert, und sie beendete ihren Anruf mit dem verhängnisvollen Satz: »Einen so lieben Jungen wie dich werde ich nie wieder kennenlernen.« Diese Worte ließen neue Hoffnung in ihm aufkeimen, die jedoch endgültig starb, als er entdeckte, dass sie sich in den Spross einer Industriellenfamilie verliebt hatte: schön, reich und so borniert, dass sie ihn für einen bedeutenden Mann hielt.

Er suchte Trost im Alkohol und in der Lektüre von Fitzgeralds *Der Große Gatsby*, während er sich ausmalte, wie er es solchen Muttersöhnchen heimzahlen könnte. Der Schmerz, den er in den folgenden Monaten durch rastlose Geschäftigkeit betäubte, explodierte am Ende in seinem Magen und ließ auch einen anderen, längst verdrängten Schmerz aus seiner Kindheit wieder wach werden. Ein zerrissenes Herz legt häufig den Blick aufs Innere frei, und was er dort sah, gefiel ihm überhaupt nicht. Jene Wunde war nur schwer verheilt und riss auch heute noch manchmal auf, wenn er bestimmte Songs hörte.

Nachdem er seinen Abschluss in Latein und Griechisch gemacht hatte, versank er in den Armen einer Kollegin, einer Mathematikerin, deren Kurven ihm sogar das Gleichungswesen attraktiv erscheinen ließen. Aus einem Missverständnis heraus, das er nie ganz aufzuklären vermochte, fand die Mathematikerin ihn wunderbar. Anfangs ließ Tomàs diese Einbahnliebe geschehen, mit der Zeit aber lernte er, sie zu erwidern. Eines Abends stand die Frau, vom Regen durchweicht, in seiner Tür und ging nicht mehr fort. Sie teilten Bücher und Träume miteinander, den Zorn des Achill und die Logik des Euklid – und Gatsby stand dazwischen und fungierte als Vermittler.

Das Gleichgewicht war so vollkommen, dass er, als die Mathematikerin ihm eröffnete, dass sie ein Kind erwarte, sterben zu müssen glaubte. Plötzlich hatte er ein klares Bild von seiner Zukunft vor Augen, erdrückt von der Last der Verantwortung. Er würde sich um eine ordentliche Stelle bemühen und ein Leben ohne Leidenschaften führen müssen. Es würde bestimmt sein von Unglück, Betrug und genau jener bürgerlichen Ehe, über die er sich immer lustig gemacht hatte. Mit einem Mal erschien ihm seine Wohnung wie ein Gefängnis. Als die Mathematikerin das Kind verlor, brachte er nicht den Mut auf, ihr seine Erleichterung zu gestehen.

Sie kam sich schäbig vor, wie ein Überbleibsel, ein ewiges Kind, während er in den Kellern seines Egoismus auf ein magersüchtiges Mädchen traf, das ihm half, der Frau, die ihn liebte, zu entfliehen. Dies war die erste in einer Reihe von Ablenkungen, die ihn nur in seiner schlechten Meinung von sich selbst bestätigten. Er brachte die Mathematikerin dazu, ihn zu verlassen, da er nicht den Mumm besaß, es selbst zu tun. Am Ende stürzte er sich in ein oberflächliches Leben, das ihm zwar nicht gefiel, von dem er sich aber einreden konnte, dass es das einzig mögliche war.

Irgendwann bewirkten die zahlreichen Frauen in seinem Leben eine akute Abstoßungsreaktion. Erstmals passierte es an jenem Abend, als er sich am Ende einer Kette unwahrscheinlicher Zufälle in einem Hotelbett wiederfand – mit einer Unbekannten, die schon ein paar Stunden darin geschlafen hatte. Im Schutze der Dunkelheit, die sie nicht durch den Griff zum Lichtschalter zerstören wollten, erzählten sie sich ihr Leben. Gegen Morgen schlief die Frau ein. Das Licht des Tages, das sich nun durch die Schlitze der Fensterläden stahl, enthüllte allmählich ihre Züge. Sie war wunderschön. Als er jedoch die Hand ausstreckte, um ihr Gesicht zu streicheln, spürte er plötzlich ein infernalisches Jucken und fing wie verrückt zu niesen an. Er verschwand, ohne sich von ihr zu verabschieden. Dies war seine erste Flucht.

Von diesem Moment an vermochte er keine Frau mehr zu berühren. Aus alter Gewohnheit machte er ihnen den Hof und verwickelte sie in telefonische Nahkämpfe. Sobald er jedoch das Gefühl hatte, dass jemand seine Gefühle erwiderte, gebot ein Niesanfall den Rückzug. Die Übelkeit, die die Liebe in ihm erregte, erstreckte sich auch auf ihre Ersatzformen und machte aus ihm einen Illusionskünstler, der aus jeder emotionalen Beziehung floh, bevor sie ihn wie ein finsterer Wald verschlang. Die Sehnsucht nach der Zwillingsseele ruhte auf dem Grunde des Gedächtnisses und kam nur gelegentlich an die Oberfläche, wenn er einen Roman las oder sich von Naturerscheinungen beeindrucken ließ.

Seine Desillusionierung hatte er zu einer Theorie ausgearbeitet. Wie viele Milliarden Frauen gab es auf der Welt? Dreieinhalb in etwa. Zog man die ab, die entweder zu jung oder zu alt waren, und jene, deren Äußeres ihm nicht gefiel, beziehungsweise denen sein Äußeres nicht gefiel, blieben noch ein paar Millionen übrig. Von diesem Rest musste man noch all jene subtrahieren, deren Lebensweise nicht mit seiner vereinbar war. Dann noch die Zimperlichen, die Dummen, die Unsympathischen, die Eingebildeten, die Nörglerinnen, die Ungebildeten, die Klatschbasen, die Langweilerinnen, die Moralistinnen, die Heuchlerinnen, die Frigiden, die Nymphomaninnen, die Hysterikerinnen, die Spinnerinnen, die Heilsarmee-Soldatinnen, die Gefügigen, die Zögerlichen (die ihn zu fünfundsiebzig Prozent zu lieben behaupteten), die Unsicheren (die der Liebe ein Ablaufdatum verpassten, als handelte es sich um Tiefkühlware), die Unerreichbaren, die Uneinnehmbaren und die, die nach Käse stanken: auf Käse reagierte er allergisch.

Nach dieser Vorausscheidung blieben noch einige zehntausend potenzielle Zwillingsseelen übrig, von denen die meisten wohl an exotischen oder schwer erreichbaren Orten lebten. Die wenigen Frauen, die infrage kamen und in der Nähe lebten, hatten entweder einen Mann oder einen Liebhaber oder einen Ex, der nicht abziehen wollte beziehungsweise jederzeit wiederkommen konnte, um ihm den Spaß zu verderben. Doch sogar, wenn der unwahrscheinliche Fall eintreten sollte, dass eine von ihnen sich ihm und ausschließlich ihm zuzuwenden gedachte, so würde die Beziehung doch das Ende der Gefühle nicht überleben. Sobald sich das hormonelle Hoch verzog, blieb nur die Langeweile. Oder der Schmerz.

Die Auswahl möglicher Zwillingsseelen beschränkte sich also zwingenderweise auf maximal zehn Kandidatinnen, die er wohl alle schon kennengelernt hatte. Die Gegenwart bot ihm nur unbefriedigende Liebesgeschichten mit Verfallsdatum.

Letztlich standen ihm zwei Möglichkeiten offen. Entweder tat er sich mit einer Frau zusammen, die sein Herz kalt ließ. Oder er fand sich mit einer Einsamkeit ab, die periodisch von kurzen Leidenschaften durchbrochen wurde. Er hatte Möglichkeit Nr. 2 gewählt, doch nur, weil seine unheilbar romantische Natur, die er nie ganz losgeworden war, ihm Nr. 1 unmöglich machte. Leider waren auch die weniger verbindlichen Geschichten nicht frei von Komplikationen, und genau um diese zu vermeiden, hatte ihn seine Allergie in einen Todfeind aufkeimender Liebe verwandelt.

Auf seinem Gewissen lastete bereits eine dunkelhaarige Architektin mit nachgebesserter Nase und sich chronisch verschlechternder Laune. Sie hatten sich auf einer Party für Depressive kennengelernt und sich erst einmal telefonisch abgetastet, bevor sie schließlich auf dem Gestühl eines Kinos gelandet waren. Doch kaum hatte sie ihren Kopf an seine Schulter gelehnt, hatte er zu niesen angefangen. Es war nicht ganz leicht gewesen, bis zum Abspann durchzuhalten, sich dann sofort ins Nichts aufzulösen und ihre Anrufe abzublocken: »Ich höre nichts, irgendetwas stimmt mit der Leitung nicht«, dem Vorspiel zur Entscheidung, erst gar nicht mehr dranzugehen.

Um gefühlsmäßigen Verwicklungen vorzubeugen, hatte er angefangen, mit einem Mädchen zu chatten, das auf der anderen Seite des Erdballs lebte. Im schwachen Licht ihrer Bildschirme hatten sie Stunden damit verbracht, Rezepte für die Liebe auszutauschen. Eines schrecklichen Tages jedoch war sie durch die Zeitzonen gereist, um ihn persönlich kennenzulernen. Er hatte schon angefangen zu niesen, als er ihr nur die Tür geöffnet hatte. Es war nicht einfach gewesen, sich diesem begeisterungsfähigen Geschöpf verhasst zu machen, aber er hatte es geschafft, indem er auf ihre Bitte um eine Erklärung einfach eisern geschwiegen hatte.

Das nächste Desaster hatte ein wenig freundlicher begonnen, was aber nur daran lag, dass die junge Dame Medizin studierte und ihm beim ersten Niesen eine Ladung Beruhigungsmittel verpasst hatte. Sie hatten sich im Auto wie zwei Jugendliche geküsst, und er wäre fast erstickt. Schließlich hatte er die Lippen von ihrem Mund genommen und geflüstert: »Es würde nicht funktionieren, wir sind einander zu ähnlich.« Oder: »Es würde nicht funktionieren, wir sind zu verschieden.« Eines von beidem, vielleicht auch beides nacheinander, er konnte sich nicht mehr erinnern.

Dann war Arianna gekommen, und plötzlich hatte er die Rolle wieder, die ihm nur zu gut zu Gesicht stand: die des Opfers. Dass er sich bei ihrem Telefonat so ungeschickt angestellt hatte, machte ihn so verlegen, dass er schnell die Augen öffnete, um die Erinnerung zu vertreiben.

Stella Maris saß neben ihm und schrieb eifrig in ihr Register.

»Danke, mein Herr. Ihre Gedanken wurzeln direkt in Ihrem Herzen, daher kann ich sie so gut empfangen.«

Dann zog sie ein Kärtchen aus den Falten ihrer Tunika hervor und reichte es ihm.

... Hör auf, mir nachzutrauern, dann findest du mich wieder ...

Tomàs lachte auf. »Wer schickt mir das denn? Pinocchio oder die Fee mit dem blauen Haar?«

»Es tut mir leid, aber das darf ich Ihnen nicht sagen. Seien Sie doch bitte so nett, und folgen Sie mir. Vor dem Rundgang durch die Thermen müssen Sie noch beim Arzt vorbeischauen.«

Der Arztbesuch

Bei dem der Direktor der Thermen
eine Röntgenaufnahme von Tomàs' Seele
macht und ihm ein Rezept ausstellt.

VI

Das Sprechzimmer befand sich im westlichen Abschnitt des Kreuzgangs. Es war dunkel und nahezu leer. Hinter dem einzigen Möbelstück, einem Schreibtisch zwischen zwei Kohlebecken, saß ein riesenhafter Mann mit Bürstenhaarschnitt. Der weiße Kittel verlieh ihm etwas Beruhigendes, was von der silbernen Medaille, die wie ein Pendel vor seiner Brust hing, teilweise wieder aufgehoben wurde. Stella Maris wandte sich mit einem ehrerbietigen »Herr Direktor« an ihn.

Der Arzt winkte den Patienten näher und reichte ihm einen Spiegel in den Farben der Finsternis. Zögernd warf Tomàs einen Blick hinein. Obwohl die Oberfläche dunkel war, konnte er sein Spiegelbild erkennen: die tiefen Augenhöhlen, die runden Wangen, die verstrubbelten Haare. Dann war sein Bild mit einem Mal verschwunden. An seiner Stelle erschien eine Frau auf einem Thron.

Ihre Umrisse waren verschwommen, nichtsdestotrotz konnte er auf ihrem Kopf eine Krone erkennen. Ein goldener Umhang verhüllte ihre ansprechenden Formen und ließ nur den rechten Fuß hervorblitzen, der auf einem Kissen ruhte. Dann zeichnete sich auf der dunklen Oberfläche plötzlich das Bild einer zweiten Frau ab, deren Züge denen der ersten ähnelten. Diese Frau aber war zum Skelett abgemagert und in schmutzige Fetzen gekleidet. Sie warf sich nieder und küsste den Fuß der anderen, die sardonisch lächelnd vor ihr aufragte.

Der Patient sah vom Spiegel auf und dem Direktor direkt in die Augen: zwei blaugraue Steine, die im Dunkeln zu funkeln schienen.

»Soeben hast du deine Seele gesehen.«

»Ich wusste gar nicht, dass sie D-Körbchen trägt.« Wenn Tomàs verwirrt war, versteckte er sich hinter dem Schutzschild der Ironie.

»Die Seele ist weiblich, so wie die Körperflüssigkeiten. Was lernt ihr eigentlich in der Schule?«

»Im Spiegel war aber noch eine andere Frau.«

»Er zeigt beide Seiten der Medaille. Die beiden Gestalten stehen für Grausamkeit und Schwäche. Sie ergänzen sich perfekt: Wer schwach ist, ist immer auch grausam.«

»Mir ist nicht ganz einsichtig, wieso meine Seele sich in einem Stück Glas zeigen soll.«

»Jeder Mensch sieht das Bild, das er von sich selbst hat. Und du siehst dich entweder als zu viel oder als zu wenig. Nie so, wie du wirklich bist. Wovor hast du denn Angst?«

»Sie sind doch der Arzt.«

»Aber du bist es, der Heilung braucht. Kannst du mir irgendetwas über das Wesen der Liebe sagen?«

Um es dem penetranten Fragesteller zu zeigen, tischte ihm Tomàs die komplexeste Definition von Liebe auf, die er je gelesen hatte, die von Percy Bysshe Shelley. Ihm zufolge ist die Liebe die allmächtige Anziehungskraft, die uns an alles bindet, was wir außerhalb unserer selbst wahrnehmen, fürchten oder erhoffen, wenn wir in den Abgrund der unerfüllbaren Leere blicken und in allen Dingen nach der Gemeinsamkeit mit unserem Innern suchen.

Das Zitat gefiel dem Direktor, auch wenn er es ein wenig zu bombastisch fand. Die Informationen, die er über den neuen Patienten besaß, entsprachen also den Tatsachen. Offenkundig hatte er sich hinter der Maske des Zynikers tatsächlich die Fähigkeit zum Staunen bewahrt.

»Die Dichter kommen der Wahrheit meist ziemlich nahe. Liebe ist die Energie, aus der das Universum besteht. Und das menschliche Herz ist einer der Kanäle, durch welche diese Energie in die Welt fließt. Häufig allerdings ist das Herz blockiert. Dann tritt Cupido in Aktion, um es mit einem seiner Pfeile zu reanimieren.«

»Dann wollen wir ihn doch keine Munition verschwenden lassen. An mir prallen die Dinger ohnehin ab.«

Der Direktor löste sich von seinem Schreibtisch und ging auf Tomàs zu. Obwohl er so massig war, wirkten seine Bewegungen sicher und gelassen.

»Ich habe das Gefühl, wir müssen bei null anfangen. Weißt du, wo die Liebe entsteht?«

»Auf Höhe der Lenden. Zumindest behauptet das ein Freund, der sich für einen großen Don Juan hält. Ein anderer, der zwei Scheidungen hinter sich hat, besteht allerdings noch immer darauf, dass sie in der Herzgegend beheimatet ist.«

»Beide haben Recht. Und Unrecht. Die Liebe geht natürlich durch die Lenden, um im Herzen zu landen. Aber wie alle Quellen liegt auch die Quelle der Liebe weit höher.«

Damit tippte er Tomàs zwischen die Brauen.

Tomàs spürte, wie sich seine Kehle zusammenschnürte. Er musste mehrfach niesen, dann lief sein Gesicht feuerrot an.

Der Arzt legte ihm die Hand auf den Solarplexus, und sein Gesicht verlor allmählich wieder an Farbe. Der Würgereflex löste sich in das Kribbeln tausender Ameisen auf.

»Hast du verstanden, Tomàs? Die Liebe ist ein Feuer, das im Kopf entsteht, als Reaktion auf einen Sinnenreiz. Von dort schießt es wie ein Pfeil durch den Körper und weckt den Eros.«

»Der dann die Eingeweide wärmt, bis das Ganze sich in Gähnen oder Tränen auflöst.« Erstaunt stellte Tomàs fest, dass er noch sprechen konnte.

»Es sei denn, du hast es geschafft, dein Herz zu öffnen. Der Pfad dorthin ist überaus schmal. Nur wenn die Emotionen zu echten Gefühlen werden, erreicht die Liebe ihr Ziel, und der Mensch wird unbesiegbar.«

»Sie haben eine unglaubliche Begabung für Kalendersprüche.«

»Möglich. Meine wahre Begabung ist es allerdings, Menschen zu heilen. Und deine?«

»Meiner Ansicht nach gehört nicht viel dazu, mich unangenehmen Empfindungen auszusetzen, um mich dann wieder davon zu befreien. Warum tun Sie das? Fühlen Sie sich dann irgendwie besser, gütiger?«

»Es interessiert mich nicht, gütig zu sein. Güte ist nichts als ein Mangel an Harmonie, wie deine Allergie. Ich ziehe es vor, gerecht zu sein.«

»Dann seien Sie gerecht und sagen mir bitte, wo Sie mich hingebracht haben.«

»Du bist von selbst gekommen. Wir haben nur die Tür aufgemacht. Es ist unmöglich, dass du keinerlei Talent besitzt.«

»Glauben Sie mir: nicht ein einziges.«

»Alle Seelen haben eine besondere Gabe und kommen in die Welt, um sie zu nutzen.«

»Meine hat ganz offensichtlich einen Webfehler.«

»Die meisten Menschen wissen nicht, dass sie den Schlüssel zu ihrem Glück längst besitzen. Sie suchen ihn außerhalb ihrer selbst, in oberflächlichen Empfindungen oder extremen Erfahrungen. Da sie ihn dort nicht finden, werden sie unglücklich. Kennst du das Märchen vom Drachen, der sein einziges Talent in einer verlassenen Mine versteckt und es bewacht, damit niemand es stehlen kann? Eines Tages kommt ein Ritter des Weges, besiegt den Drachen und nimmt das Talent an sich. Die verlassene Mine wird eine Goldgrube.«

»Das ist doch Schnee von gestern. Heute bin ich nur noch ein weißer Fleck auf der Landkarte. Ich will nur noch in Ruhe sterben.«

In Wirklichkeit aber spürte Tomàs einen Anflug von Lebenslust in sich aufkeimen und hoffte, dass der Direktor noch mit irgendetwas Erhellendem über sein Schicksal herausrücken würde.

»Ich erzähle dir eine Geschichte, Tomàs. Der Held ist ein Junge, der unbedingt Gitarrist werden wollte. Das Abenteuer begann am Morgen seines vierzehnten Geburtstags, als man ihm eine Gitarre schenkte.«

»Das ist ja der helle Wahnsinn.«

»Die Gitarre war schön. Allerdings waren da auch diese vielen Saiten. Der Junge strich schüchtern mit den Fingern darüber, doch die Gitarre wies ihn zurück. Also fasste er beherzter hin. Die Gitarre stieß einen gurgelnden Laut aus, der so gar nichts mit dem zu tun hatte, was der Junge tief in seinem Herzen vernahm.«

»Vielleicht hätte er Gitarrenstunden nehmen sollen.«

»Das tat er auch. Er hatte gehört, dass ein Traum, der einen nicht mehr loslässt, keine Illusion ist, sondern ein Fingerzeig, welchen Weg man im Leben einschlagen soll. Ob nun Spaghetti kochen, astronomische Berechnungen anstellen oder Uhren reparieren, jeder hat seine Bestimmung im Leben. Der Fehler besteht darin zu glauben, dass die eine bedeutsamer ist als die andere, nur weil sie nicht alle Ruhm und Geld einbringen.«

»Es wird ja wohl einen Unterschied geben zwischen Menschen, die Uhren reparieren, und solchen, die den Gang der Welt in Ordnung bringen.«

»Nur im Kopf der Leute. Dem Universum ist das alles eins, wenn die Menschen es nur schaffen, ihrem Leben einen Sinn zu geben. Und der Junge war nun einmal überzeugt davon, dass es seine Bestimmung war, die Klänge in seinem Innern hörbar zu machen.«

»Und wie hat er sich in der Musikstunde angestellt?«

»Er lernte gar nichts, bedauerlicherweise. Dann ging er wieder hin. Und es war noch schlimmer.«

»In dem Fall gibt man am besten auf. Ich habe das immer so gehalten. An dem Tag, an dem ich mich selbst k.o. geschlagen habe, war die Boxerei für mich gelaufen.«

»Das hat der Junge auch gedacht. Ich geb's auf, hat er sich gesagt, mein Traum war Blödsinn, ich habe nicht das geringste Talent für die Musik. Er schloss die Gitarre in einen Koffer ein und stellte das Radio an, um das Ganze zu vergessen. Da hörte er etwas, das ihm tief in die Seele drang. Damals nannte man es noch Skiffle, aber in Wirklichkeit war es bereits Rockmusik.«

»Rockmusik? Ich hätte nicht gedacht, dass euch hier so etwas gefällt.«

»Der Junge holte die Gitarre wieder hervor, nahm sie in die Hand und versuchte den ersten Akkord. In diesem Moment begriff er, dass man erst dann weiß, ob ein Traum richtig oder falsch ist, wenn man ihn begraben hat und das Leben ihn durch eine plötzliche Offenbarung wieder zum Leben erweckt.«

»Und wie hat er sein Talent verschwendet, nachdem er es erst einmal erkannt hatte?«

»Wer sein wahres Talent erkennt, verschwendet es nicht. Der Junge hieß übrigens John Lennon.«

VII

Tomàs senkte schweigend den Kopf. Ihm fiel auf, dass er noch nie für etwas gekämpft hatte, das zu erträumen sich lohnte. Stets hatte er sich damit zufriedengegeben, mit eingezogenem Kopf die Abhänge der ewigen Bedenken hinunterzurutschen und seine Wut als Hochmut auszugeben. Und jetzt war es zu spät.

Der Direktor bat Stella Maris um das Register und fing an, darin herumzublättern.

»Die Schulfreundin, die Tochter des Notars, die Mathematikerin … keine einzige harmonische Liebesgeschichte.«

Er blätterte weiter und weiter, wobei seine Stirn sich zunehmend in Falten legte. »Die Architektin, die du im Kino sitzengelassen hast. Das Mädchen, das vom anderen Ende der Welt zu dir kam, nur um sich umgehend zurückschicken lassen zu müssen. Die angehende Ärztin, die du von vorn bis hinten belogen hast … Dein Leben ist eine endlose Abfolge von Fluchten. Wovor läufst du denn weg?«

»In einer Welt, in der alles von Flüchtigkeit geprägt ist, können auch Beziehungen nicht mehr so stabil sein wie früher.«

»Das soll wohl heißen, dass man jederzeit Reißaus nehmen kann?«

»Ich habe genug gelitten. Jede Leidenschaft verflüchtigt sich irgendwann.«

»Falsch. Die ein oder andere entwickelt sich auch weiter. Wenn du davonläufst, schleppst du deine Ängste nur mit dir herum und suchst nach Gefühlen, die dir letztlich keine Erfüllung schenken.«

»Die suche ich längst nicht mehr. Irgendwie scheint mich nichts mehr zu interessieren. Jeden Morgen erwache ich mit den besten Vorsätzen, endlich ein liebenswerter Mensch zu sein, dann aber gebe ich mir erst gar keine Mühe. Ich weiß ja, dass es sich nicht lohnt.«

»Glaubst du, das ist alles nur ein Spiel?«

»Ich glaube gar nichts mehr. Ich lasse mich vom Zufall leiten und nehme, was kommt. Mag sein, dass ich mitunter Schaden anrichte, aber das tue ich nicht mit Absicht.«

»Die wahre Tragödie liegt nicht in der Gemeinheit der Böswilligen, sondern in der mangelnden Standhaftigkeit derer, die guten Willens sind.«

»Ich bin nicht guten Willens. Und ich habe keinerlei Absicht, mich in die nächste Falle locken zu lassen. Alles geht mal kaputt. Warum nicht auch die Liebe?«

Der Direktor richtete den Blick wieder auf sein Register.

»Ich finde hier nichts über die Frau, die dich so weit gebracht hat.«

»Arianna hat mich nirgendwo hingebracht. Wir haben uns auf einer Konferenz zum Thema *Die schlechteste aller möglichen Welten* kennengelernt.«

»Eine Welt, in der solche Tagungen stattfinden, kommt dem schon recht nahe.«

»Der berühmteste Philosoph der Stadt, der immerhin so intelligent ist, dass er ständig im Fernsehen nach seiner Meinung gefragt wird, hat zweifelsfrei bewiesen, dass die Liebe Opium der Narren ist und das Leben eine Anstrengung, die Besseres verdient hätte.«

»Da haben die Zuhörer doch hoffentlich protestiert.«

»Ganz im Gegenteil: Jeder seiner denkwürdigen Sätze wurde mit Applaus quittiert. Das war gar nicht so leicht, weil er am laufenden Band welche produziert hat.«

»Und du? Hast du auch geklatscht?«

»Ich hatte andere Probleme. Ich hatte keinen Sitzplatz mehr erwischt und stand an der Wand, genau neben dem Ansaugstutzen für die Klimaanlage und einem Kerl, der nach faulen Eiern stank.«

»Die schlechteste aller möglichen Welten also …« Über das Gesicht des Direktors ging plötzlich ein freudiges Strahlen. »Weißt du, was für ein Ei die absolute Härte ist?«

»Bitte verschonen Sie mich mit Kalauern. Nur alte Leute und Kinder finden das zum Lachen.«

»Warum wohl? Aber sei's drum: Die absolute Härte für ein Ei ist es, weichgekocht zu werden.«

Und seiner Brust entrang sich ein homerisches Lachen, das Tomàs angesichts der Plattheit des Witzes reichlich unangemessen fand.

»Soll ich vielleicht über die Witze deines Philosophen lachen?«, fuhr der Direktor fort, der anscheinend Gedanken lesen konnte. »Ich kann einfach nicht glauben, dass niemand gewagt hat, ihm zu widersprechen.«

»Doch! Da war so ein Mädchen mit hohen Wangenknochen und kohlrabenschwarzem Haar. Sie saß ganz außen in der Reihe, neben der ich stand. Diese schreckliche Welt liege einfach nur im Tiefschlaf, sagte sie, und daraus könne sie nicht durch die Logik der Wissenschaftler, sondern nur durch die Kraft der Liebenden erweckt werden. Die Liebenden seien die Einzigen, die noch die Zukunftsform der Verben beherrschten.«

»Ich kann mir vorstellen, wie das Publikum darauf reagiert hat.«

»Sie hat einen Sturm mitleidigen Gelächters ausgelöst, und der Philosoph hat mit seinem überheblichen Gesabbel das Ganze noch angeheizt. Ein hübsches Mädel wie sie dürfe freilich an die Liebe glauben, sagte er, zumindest bis sie den Märchenwald verlasse und in der Wirklichkeit lande.«

»Und das Mädchen?«

»Hat ihm geantwortet, dass die Liebe die Wirklichkeit *ist*. Aber da hatte man ihr das Mikrofon bereits weggenommen, und ihre Worte gingen im allgemeinen Lärm unter. Nur ich konnte sie noch hören. Auf dem Weg hinaus habe ich mich an der Wand entlanggedrückt, um das Gerede der Leute nicht mit anhören zu müssen. Plötzlich stand ich hinter ihr. Ich habe sie am Ärmel gezupft und gefragt: ›Kann ich mal mit dir reden, auch wenn ich die Zukunftsform der Verben nicht mehr beherrsche?‹ Arianna hat sich umgedreht und mich angelächelt.«

VIII

Es war ein ernstes Lächeln, bei dem sich die Lippen kaum verzogen, ein selbstsicherer Schmollmund unter angespannten, stark modellierten Wangen und zusammengekniffenen Augen, aus denen ihn zwei Blitze trafen.

Tomàs erfasste das Bild auf einen Blick. Die hohen Wangenknochen und die höchst eigentümliche Nase, die sich gerade und entschieden in die Welt schob. Der Körper schlank und imposant wie eine gotische Kathedrale.

»Es tut mir leid, dir widersprechen zu müssen, aber die Liebe ist nicht die Wirklichkeit. Sex und Geld sind die wahren Beweggründe für alles, was wir tun.«

»Warum klingt das bei dir so abfällig? Sex und Geld sind die Schuhe, mit denen wir durchs Leben gehen. Das Problem besteht darin, dass wir ein Paar Schuhe zum Grund unserer Reise machen …«

»Ich bevorzuge für den Weg durchs Leben ohnehin Schlittschuhe.« Sein Blick fiel auf ihre Sandalen und wanderte dann an ihren Beinen hoch, die unter dem Rockschlitz aufblitzten. Ihre Lieblingswaffe als Frau.

»Offenbar hast du keine Angst davor hinzufallen.«

»Möglicherweise habe ich aber Angst davor, in die Tiefe zu gehen.«

»Vielleicht solltest du dich um etwas Leichtigkeit bemühen.«

Diese Art der Konversation lag ihm eigentlich nicht. Normalerweise lief er zur Hochform auf, wenn es um Banalitäten ging. Ernsthafte Themen machten ihn eher verlegen.

»Was sucht eine Frau wie du überhaupt bei so einer Konferenz?«

»Ich bin ständig auf die Plakate dafür gestoßen. Eine Freundin, die unter Depressionen leidet, hat mich gebeten, sie zu begleiten ... Dann war sie allerdings so deprimiert, dass sie in letzter Minute abgesagt hat.«

»Die Welt ist voller Menschen, die in letzter Minute absagen. Aber du bist trotzdem gekommen.«

»Es ist langweilig, immer nur mit Leuten zu reden, die ohnehin dasselbe denken ... Außerdem glaube ich, dass ich meinen Traum nur an ungewöhnlichen Orten verwirklichen kann ...«

»Ich kenne deinen Traum nicht, aber ich bezweifle sehr, dass du ihn hier finden wirst. Sieh dich nur um: ein Friedhof voller Zyniker und Defätisten.«

»Und wenn sie nur deshalb so sind, weil sie an nichts mehr glauben? Das Leben ist nun einmal nicht einfach ... Nur wer an seinem Traum festhält, schafft es ...«

»Und was wäre dein Traum?«

Arianna zögerte einen Augenblick, bevor sie antwortete.

»... meine Zwillingsseele finden ...«

»Du machst Witze, oder?«

»Vielleicht … Aber Träume sind nicht zum Lachen … Vor allem nicht solche, die ein Leben lang dauern.«

Da er sonst nichts zu schreiben hatte, notierte Tomàs ihre Telefonnummer auf dem Rand eines Geldscheins. Er hatte beschlossen, sie am nächsten Tag anzurufen, gegen Abend, wenn sich sein Zorn auf die Welt wie immer aufgestaut haben würde. Ihre tiefe, feierliche Stimme würde ihm verzeihen helfen.

Ihn beeindruckte die Ruhe, mit der sie nach Worten suchte und sie abtastete, ohne sich einschüchtern zu lassen von der Stille dazwischen, die Menschen wie ihn so verstörte, Menschen, die sich gewöhnlich hinter Worten und Geräuschen versteckten.

Sie hatten sich kaum etwas übereinander erzählt. Arianna studierte Philosophie, kümmerte sich um den Garten der Familie und schrieb für Zeitschriften, die sich darauf spezialisiert hatten, nichts oder wenig zu zahlen. Tomàs war arbeitsloser Lehrer ohne finanzielle Sorgen, der seine Zeit damit totschlug, Kindern, die sich nicht im Geringsten dafür interessierten, Nachhilfe in Latein und Griechisch zu erteilen.

Er konnte es immer noch nicht fassen, dass er ihr die Wahrheit gesagt hatte. Normalerweise hatte er vor Frauen, die ihn interessierten, mindestens einen Lehrstuhl an der Universität inne. In einem Augenblick der Unachtsamkeit war ihm sogar die Einladung herausgerutscht: Hättest du Lust, mit mir zu Abend zu essen – bis dass der Tod uns scheidet?

Der ironische Tonfall der Einladung schützte ihn vor dem Risiko, ernst genommen zu werden. Trotzdem begriff er nicht, wie es ihm in den Sinn kommen konnte, derart vorzupreschen.

Das Abendessen würde sich als die übliche Falle erweisen. Wie oft hatte er den Roman seines Lebens nicht schon irgendwelchen Frauen erzählt, die schon bald das soundsovielte Kapitelchen darin sein würden?

IX

Im Sprechzimmer der Thermen schwieg der Patient unvermittelt.

»Aus diesem Grund hast du das Abendessen abgesagt?«, hakte der Direktor nach.

»Sie hat abgesagt. Eine Sekunde, bevor ich es tun konnte.«

»Und jetzt fehlt sie dir?«

»Wenn ich sie wiedersehen könnte ... Oder wenigstens ihre Stimme hören ...«

»Du willst also immer noch nicht verstehen. Solange du die Lösung außerhalb deiner selbst suchst, wirst du sie nicht finden.«

Der Direktor gab seiner Stimme Gewicht: »Um die Liebe eines anderen Menschen zu gewinnen, musst du erst die Liebe aus den Tiefen deiner selbst befreien.«

»Sie ist deine Seele! Das ist kein Zufall. Wenn du dich nicht in sie verliebst, wirst du nie etwas lieben«, leierte Tomàs vor sich hin.

»Wie bitte?«

»Nichts. Gefühlsduseliges Zeug, das ich mal in irgendeiner Zeitschrift gelesen habe ... Was sind Sie eigentlich: Arzt oder Hohepriester?«

»Man kann von geistigen Dingen sprechen, auch ohne religiös zu sein.«

»Nur dass mich diese geistigen Dinge leider nicht interessieren.«

»In diesem Fall werden sich deine Probleme kaum lösen lassen.«

»Das sage ich doch die ganze Zeit.«

Der Hüne bedachte ihn mit einem mitleidigen Blick. »Ihr leidenden Seelen seid vor allem ein Haufen widersprüchlicher Impulse. Ihr bringt euer Leben damit zu, euch über den unüberwindlichen Abgrund zwischen der vollkommenen Liebe in eurem Herzen und ihren unvollkommenen menschlichen Äußerungsformen zu beschweren. Sobald man euch aber eine Lösung anbietet, weigert ihr euch, sie anzunehmen, und behauptet, das würde ja sowieso nicht funktionieren.«

Er trat wieder an seinen Schreibtisch und füllte ein Formular aus, das er Tomàs in die Hand drückte.

»Das ist dein Krankenblatt. Lies!«

Deine Geschichte kann die Geschichte eines Feiglings oder die eines Helden werden. Entweder bleibst du in der tiefen Höhle deiner Ängste stecken oder du lernst, dass die Liebe Berge versetzt. Triff deine Wahl. Aber hör auf, außerhalb deiner selbst zu suchen.

Erinnere dich, mit welch tiefem Sinn für Ironie Jesus zu Thomas sprach: »Wenn jemand euch sagt, das Reich liege im Himmel, dann wären die Vögel ja euch gegenüber im Vorteil.« Oder an den Rat, den der Einsiedler jenem jungen Mönch gab, der nach dem geheimen Reich von Shambhala suchte, sich aber auf dem Weg dorthin verirrt hatte: »Du brauchst gar nicht weiterzugehen. Shambhala liegt in deinem Herzen.«

Du kannst noch nicht wissen, wo deine Reise dich hinführt. Doch wer auf der Suche nach etwas ist, das er lieben kann, wird am Ende immer das lieben, was er findet. Du brichst nach Osten auf und kommst vielleicht im Westen an. Das ist aber nicht von Bedeutung. Das Wichtigste ist, dass du aufbrichst, sonst kommst du nie irgendwo an. Und verbringst den Rest deines Lebens damit, dich dafür zu verachten, dass du das, was du hättest sein können, nicht geworden bist. Das Ziel, das du dir zu Beginn deiner Reise setzt, ist nur der Anreiz zum Aufbruch, mehr nicht.

»Ich will überhaupt nicht aufbrechen. Ich will weglaufen!«, sagte Tomàs in einer Anwandlung von Ehrlichkeit.

Das Feuer in den Kohlebecken zu beiden Seiten des Schreibtisches erlosch.

»Licht! Gebt mir das Licht zurück ... Sagen Sie mir doch wenigstens, wer Sie sind ... Wenn ich nur wüsste, wo ich bin ... Wenn ich nur die Telefonnummer dieses Mädchens wiederbekommen könnte ...«

»Schluss damit, Tomàs! Dieses ewige *Wenn* ist die Sprache des Versagens. Im Leben wird man nur durch das *Trotzdem* groß.«

Die raue Stimme des Direktors war aus dem Dunkel erklungen, doch plötzlich war er wieder sichtbar. Er hielt Tomàs eine Fackel vor die Nase.

»Nur wer sein Talent tatsächlich sucht, wird am Ende auch die Liebe finden. Diesen Weg musst du allein beschreiten, aber du brauchst Hilfe. Die Meister der Thermen werden dir helfen. Sie werden dich lehren, deine Seele aus dem Labyrinth zu befreien, in das du sie verbannt hast. Mach dich fertig: Jetzt wird's Zeit zum Schwitzen.«

»Ich tue doch nichts anderes, seit ich hier bin. Könnte ich nicht wenigstens einen leichteren Bademantel bekommen?«

»Den bekommst du, sobald du selbst leichter geworden bist.«

Stella Maris führte den Patienten hinaus. Sie ging ihm auf dem Kiesweg voran ins nächste Gebäude, das einem Quader glich. Tomàs überschritt zögernd die Schwelle und fand sich einmal mehr im Dunkeln wieder. Der kleine Raum hatte keine Fenster. Außerdem war er so niedrig, dass Tomàs in die Hocke gehen musste.

»Das ist mein Grab«, dachte er unwillkürlich. »Sie wollen, dass ich mich selbst begrabe.«

Der Fitnessraum

Wo ihm eine Lehrerin mit blecherner Stimme beibringt,
wie man anderen so richtig auf die Nerven geht und
auf das Laufband der Wünsche gelangt.

X

Plötzlich flammte der Scheinwerfer eines fernen Leuchtturms auf und tauchte die Kammer in sanftes Licht. Tomàs sah, dass ihre Wände aus Glas waren und sich dahinter nur Wasser befand.

Eine blecherne Stimme durchfuhr ihn.

»Du lebst eingeschlossen im Glaskasten deiner Ängste. Zerbrich ihn, dann wirst du entdecken, dass du weit mehr bist, als du dachtest.«

Tomàs' Augen wanderten zur Decke hinauf. Dort wand sich eine Sirene im Wasser und lächelte ihn mit den faulen Zähnen einer alten Hexe an.

»Lass dich nicht vom äußeren Schein täuschen, Tomàs. Die Welt jenseits deines Glaskäfigs erscheint dir deformiert. Die Wände wurden von deinem Geist geschaffen und sind einzig aus dem Wort NICHT gebaut. Ich kann NICHT. Ich schaffe das NICHT. Es liegt NICHT in meiner Macht – das häufigste Hindernis. Wenn du aber den Blick hebst, findest du eine vierte Wand: Glaub das bloß NICHT.«

»Ich will hier raus!«

»Dann los. Die Wände des NICHT sind nur scheinbar undurchdringlich. Sobald du dich entschließt, sie zu durchschreiten, zersplittern sie. Niemand setzt dir Grenzen außer dir selbst.«

Tomàs drehte sich zur Glaswand des Ich kann NICHT. Eine wenig vertrauenerweckende Muräne starrte ihn an.

»Sie ist ein Produkt deiner Einbildung. Richte das Licht deines Projektors auf dich selbst, dann verschwindet sie«, sagte der Mund mit den faulen Zähnen.

»Hör auf, mich mit deinen Halluzinationen zu nerven!«

»Los! Projiziere das Bild, das dich so zeigt, wie du sein möchtest …«

Aber wie wollte er denn sein? Den Weg des lernbegierigen Jungen war er bereits gegangen – mit wechselndem Erfolg. Vielleicht konnte er ja Meister in einer selbst erfundenen Sportart werden, als Konfettiwerfer zum Beispiel. Oder als Bodybuilder für den kleinen Finger: Aus einem nervösen Tick heraus musste er ihn ständig krumm machen, wodurch er schon ziemlich muskulös geworden war.

Er schüttelte den Kopf und wandte sich der Wand des Ich schaffe das NICHT zu. Ein Schwarm roter Fischlein schnappte in einer Grotte nach den Schwebeteilchen, die dort auf und ab tanzten. Ein Stein rollte vor den Eingang der Grotte, doch die Fische konnten oder wollten ihn nicht sehen. Nur der kleinste löste sich aus dem Schwarm, um sich der Herausforderung zu stellen.

Wieder schüttelte Tomàs den Kopf. Der Kleine ließ sich offensichtlich nicht von seinem Pessimismus leiten, zu sehr war er damit beschäftigt, sich seinen Weg in die

Freiheit zu erkämpfen. Fast war er schon am Stein vorbei, als sein Schwanz an einer Felsnase hängen blieb. Sicher wäre er zerquetscht worden, wenn nicht ein anderer Fisch gekommen wäre und ihm einen kleinen Schubs verpasst hätte. Leider hatte er die Felsnase übersehen und blieb nun seinerseits daran hängen.

Fast hätte Tomàs angefangen zu weinen. Was für einen Sinn hatte das Leben, wenn jeder Akt der Liebe zum Opfergang wurde?

Nun begann unter seinen Füßen das Wasser zu brodeln und kündete von einer neuen Gefahr. Die roten Fischlein versteckten sich tief in der Grotte. In ihrem Gefängnis waren sie wenigstens in Sicherheit. Nur der Kleine, der sich befreit hatte, trieb sich in den Weiten des Ozeans herum. Die Freiheit hatte ihn euphorisch gemacht. Angekündigt von einem leisen Rauschen tauchte hinter der Wand des Es liegt NICHT in meiner Macht ein weißer Wal auf, sah das Fischlein spöttisch an und verschlang es.

Tomàs ließ sich auf den Boden des Glaskäfigs sinken und erblickte in den Augen des Wals sein Spiegelbild. Welchen Sinn hatte das Universum, wenn die Entscheidung für die Freiheit den Tod bedeutete?

Er verspürte den unwiderstehlichen Wunsch, das Glas zu zerbrechen und im Magen dieses Urviehs zu verschwinden, das ihm aus irgendeinem Grund keine Angst einjagte. Ein Stoß mit dem Kopf, und tatsächlich zersprang das Glas in tausend Stücke, während sich der weiße Wal in einen Wirbel winziger Wasserbläschen auflöste.

Ausgestreckt auf den Steinplatten eines abgedunkelten Saals fand er sich wieder. Am äußersten Ende des Raums schlug ein kleines rotes Fischlein mit der Schwanzflosse an die Wand eines Aquariums.

»Die Freiheit ist schädlich, wenn man zu schnell aus seinem Gefängnis herausmöchte. Um äußerlich frei zu sein, muss man lernen, sich innerlich zu befreien.«

Woher kam diese Stimme? Aus seiner Position sah Tomàs nur ein Paar Turnschuhe. Als er den Blick nach oben wandern ließ, entdeckte er die dazugehörigen Beine in einer schwarzen Gymnastikhose. Die eckigen Schultern und das kantige Gesicht vervollständigten einen Eindruck, den weder die hellen Haare noch die wasserblauen Augen abmildern konnten.

»Ich bin Uma. Dein Personal Trainer.«

Von der Sirene mit den faulen Zähnen war nur noch die blecherne Stimme geblieben.

XI

Tomàs hatte zum Sport seit jeher ein gestörtes Verhältnis. Natürlich wäre es ihm lieber, wenn der Knopf am Hosenbund nicht jedes Mal, wenn er sich setzte, wie ein Katapult aufspringen würde. Deshalb war er aber noch lange nicht bereit, sein bisschen Selbstvertrauen zu unterminieren, indem er hinter einer aus Carrara-Marmor gemeißelten Trainerin herjapste. Vor langen Jahren hatte er sich einmal unter die Fuchtel einer solchen Menschenschinderin begeben. »Beweg deinen Arsch!«, hatte sie gebrüllt, als befänden sie sich auf dem Exerzierplatz. Auf seine diskreten Annäherungsversuche hatte sie gar nicht reagiert und ihm den anderen männlichen Kursteilnehmer vorgezogen, der – ganz Muskeln und Nahrungsergänzungsmittel – nicht zwischen Volt und Voltaire unterscheiden konnte und bei Aufklärung an Sexualkundeunterricht dachte.

Tomàs sah sich um. Auf diesem Gebiet war er zwar kein Experte, doch dieser Fitnessraum war sicher nicht nach modernsten Kriterien ausgestattet. Statt Stangen gab es nur ein paar Bambusrohre, und an den Hanteln saßen anstelle von Gewichten spitze Steine.

Uma griff ihrem neuen Schutzbefohlenen unter die Achseln und hob ihn hoch wie eine Marionette. Die übliche Ansammlung von blutleeren Emotionen und flachen Gedanken. Immer blieb das Grobe an ihr hängen. Die anderen Meister traten erst in Aktion, wenn die Arbeit bereits begonnen hatte und die Seele des Schülers nicht mehr ganz so unansehnlich war. Schwungvoll, aber graziös setzte sie Tomàs ab und zeigte auf eine schmale rote Matte zu ihren Füßen.

»Das ist das Laufband der Wünsche«, war alles, was sie sagte.

Tomàs musterte das Ding, als wäre es eines dieser Folterinstrumente, über die sich die Besucher von Mittelalter-Museen immer besonders freuen.

»Der Wunsch nach Liebe hat dich in die Thermen geführt«, fuhr die Trainerin fort. »Hier wirst du lernen, diesen Wunsch ins Universum zu schicken.«

»Tolle Idee. Den fliegenden Teppich hätten wir ja schon. Fehlt nur noch Aladins Wunderlampe.«

Uma maß ihn mit eisigem Blick.

»Dies ist ein besonderes Laufband. Man kann es nicht mit Muskelkraft bewegen, sondern nur mit der Kraft des Geistes. Wenn du es mit bleiernen Gedanken fütterst, blockiert es, und du fällst hin. Lässt du dich hingegen vom Ehrgeiz packen, wird es zu schnell, und du stürzt erst recht.«

»Und woran soll ich dann bitte schön denken?«

»An etwas Freudvolles. Das ist der einzige Treibstoff, der das Band in Gang bringt. Wenn du ins Schlingern gerätst, kannst du dich an dem Griff festhalten, der von der Decke herabhängt. Aber vergiss nicht: Der Griff ist brandheiß, lange kannst du dich nicht daran festhalten.

Das Geheimnis der Steuerung besteht darin, dass du deinen Geist im Gleichgewicht hältst.«

»Und wie lange muss ich auf diesem Ungetüm bleiben?«

»Halte den Blick immer auf das Fenster gegenüber gerichtet. Es öffnet sich auf das Firmament. Sobald du es schaffst, deinen Wunsch zu entsenden, flammt dort ein Stern auf.«

Tomàs fragte sich, ob dieses Geschöpf mit der rauen Schale sich vielleicht zur Verbündeten machen ließe, doch ein Blick in ihre wasserhellen Augen genügte, um seine Illusionen zerschellen zu lassen. Sie kündeten von Entschlossenheit und Unbestechlichkeit. Da ihm nichts anderes übrig blieb und er äußeren Umständen mittlerweile mit jener hingebungsvollen Haltung begegnete, welche weise Menschen Anpassungsfähigkeit nennen, stellte er sich auf die Gummimatte.

»Der Wunsch!«, brüllte Uma.

»Wie bitte?«

»Damit das Band sich in Bewegung setzt, musst du deinen Wunsch nach Liebe auf einen imaginären Zettel an deiner Stirn schreiben.«

Der Patient gehorchte, und tatsächlich setzte sich die Matte unter seinen Füßen nun in Bewegung.

Tomàs ließ sich von seinen Gedanken treiben. Sie machten ihm klar, dass sich der Aufenthalt in den Thermen sehr viel aufregender entwickelte als sein richtiges Leben. Das Laufband legte an Geschwindigkeit zu, die Sterne am Firmament wurden zahlreicher.

»Du benutzt deine Begeisterung als Treibstoff. Pass auf, dass du es nicht übertreibst, sonst ist die Fahrt zu Ende, noch bevor sie angefangen hat. Du musst noch acht Kilometer zurücklegen, bevor du das Ziel erreichst. Noch acht!«, rief die Trainerin.

Tomàs hielt die Augen aufs Fenster gerichtet und verlor sich in der Betrachtung der Gestirne. Wie schön das alles war! Das Band lief schneller.

»Auch die Schönheit ist ein machtvoller Antrieb«, feuerte Uma ihn an, doch das Herz ihres Schützlings hatte sich nun zu weit geöffnet und geriet in den Gegenwind des Zweifels.

Wie lange sollte diese Übung denn noch dauern? Und was, wenn sie in Wirklichkeit eine Strafe war? Wenn er in alle Ewigkeit auf diesem Ding dahinrennen musste? Die Sterne am Himmel verblassten plötzlich, und Tomàs' Stirn bedeckte sich mit Schweiß.

»Die Angstpumpe nimmt dir den Schwung. Schließe sie. Du hast noch acht Kilometer vor dir. Noch acht!«

Noch acht. Dann war er also keinen Millimeter vorwärtsgekommen. Oder rückte das Ziel immer weiter weg? Ein Fluchtimpuls ergriff seine Beine. Er rannte los, doch das Laufband folgte seinen Gedanken und machte eine Vollbremsung.

»Betrachte deine Zweifel als Freunde«, schlug die Trainerin vor. »Wenn sie dich allerdings vom Ziel abbringen, verscheuche sie und konzentriere dich wieder auf deinen Wunsch.«

Tomàs stellte sich vor, er sei am Strand und tanze am Saum der Wellen entlang. Eine Frau ohne Gesicht entstieg den Fluten und kam auf ihn zu. Das war für ihn das Idealbild der Liebe.

Das Band bewegte sich wieder, wenn auch nur langsam, als stiege er eine Anhöhe hinauf. Und schon wurde der Strand in Tomàs' Kopf zur Wüste.

»Was ist denn jetzt los?«, keuchte er.

»Ich habe die Steigung erhöht. Das Universum wird dir deinen Wunsch nicht erfüllen, bevor du nicht seine Konsequenzen im Griff hast. Wie viele Menschen gibt es, die zwar erreicht haben, was sie wollten, am Ende aber daran zerbrochen sind? Daher musst du zunächst durch allerlei Schwierigkeiten die Muskeln deines Charakters stählen.«

Tomàs wollte etwas entgegnen, doch ein Grummeln im Magen verwandelte seine Stimme in ein Seufzen.

»Das ist nur ein bisschen Furcht. Mach langsamer!«, riet ihm Uma.

Er gab den Befehl an seine Beine weiter, doch über die hatte er mittlerweile jede Kontrolle verloren.

»Jetzt wird aus der Furcht Angst. Halt dich gerade!«

Tomàs griff nach dem glühend heißen Griff an der Decke, doch er verbrannte sich und musste wieder loslassen.

»Nun kommt die Panik. Atmen nicht vergessen!«

Seine Nase war vollkommen dicht, sein Zwerchfell verkrampft. Er riss den Mund auf und sog eiskalte Atemluft ein, während sich die Welt um ihn herum zu drehen anfing.

»Nun ist der Gott Pan in dir! Lass dich erfüllen von der Raserei der Angst. Erst aus der Panik wird der Mut geboren.«

Tomàs schüttelte den Kopf. Er stolperte und fiel hin.

»Es tut mir leid, ich habe keine Kraft mehr«, entschuldigte er sich kleinlaut.

»Dein Herz war es, das aufgegeben hat. Du hast mir nicht geglaubt. Du hattest Angst davor, deinen Wunsch wahr werden zu lassen.«

»Hättest du keine Angst? Ich weiß nicht, wo ich bin, und allmählich weiß ich auch nicht mehr, wer ich bin.«

Das Heimweh nach seinem alten Leben überkam ihn. Instinktiv schaute er zurück. Sofort spürte er, wie ihm ein stechender Schmerz in den Hals fuhr.

»Emotionales Halswirbelsyndrom«, diagnostizierte die Trainerin. »Das trifft alle, die sich nach etwas sehnen, das sie verloren haben, auch wenn sie es zuvor nicht zu schätzen wussten.«

Uma legte die Hand auf die schmerzende Stelle, und Tomàs entspannte sich, bis er das Bewusstsein verlor. Sie hob ihn vom Boden auf und trug ihn mit der Zärtlichkeit einer Katze, die ihr Junges ins Maul nimmt, zu einer Bank an der Wand. Dort betätigte sie einen Hebel.

Aus einer Öffnung an der Decke schwebte ein Felsblock herab, der an die Klippen von Capri erinnerte. Als Tomàs wieder zu sich kam, sah er, dass der Brocken keine Handbreit über seiner Brust hing.

»Auf geht's«, befahl Uma. »Drück ihn weg!«

»Aber er ist zu schwer!«

»Unsinn. Du bist zu schwach. Jeder bekommt genau die Bürde zugeteilt, die er bewältigen kann. Also hoch damit!«

»Bitte, hol mich hier raus ...«

»Warum gibst du schon wieder auf? Du nutzt wirklich nur einen Bruchteil deiner Fähigkeiten.«

»Und du hast einen Knall. Der Felsblock wird mich erschlagen!« Plötzlich musste Tomàs niesen.

»Wen liebst du am meisten auf der Welt, Tomàs?«

Die Frage brachte ihn aus dem Konzept. Er dachte an bestimmte Bücher, die in seinen Augen wertvoller waren als Menschen. Er brauchte sie nicht einmal aufzuschlagen, um mit ihnen kommunizieren zu können. Aber diese Art der Liebe meinte die Trainerin nicht.

»Ich liebe niemanden«, antwortete er, und seine Antwort erschien ihm als das Schlimmste, was er je gesagt hatte.

»Das stimmt nicht. Stell sie dir vor!«

Der Felsen regte sich und wanderte zu der Bank gegenüber weiter. Anfangs schien sie leer zu sein, doch irgendwann merkte Tomàs, dass ein Mädchen darauf lag. Die langen Beine blitzten aus dem Rockschlitz hervor und strampelten heftig, um sich zu befreien. Ein Schleier bedeckte das Gesicht, doch es konnte kein Zweifel bestehen.

Es war Arianna, und sie rief ihn um Hilfe.

XII

Tomàs schoss hoch und stürzte auf sie zu. Zum ersten Mal in seinem Leben fühlte er sich nicht wie jemand, der einen Groll hegt, weil ihn die Welt nicht glücklich macht. Jetzt war er ein Mann, der seiner Frau zu Hilfe eilt.

Eine gewaltige Kraft bemächtigte sich seiner Gedanken, die sie in sämtliche Muskeln weiterströmen ließen. Er packte den Felsen, biss die Zähne zusammen und stemmte ihn hoch, damit das Mädchen darunter hervorkriechen konnte.

Sobald er sah, dass sie in Sicherheit war, fiel ihm auf, dass er einen Felsblock im Arm hielt, und er bekam es mit der Angst zu tun. Die Kraft verließ ihn, und der Felsen fiel zu Boden, wo er in tausend Splitter zersprang, die Arianna unter sich begruben.

»Mach dir um sie keine Sorgen. Sie ist in die Dimension zurückgekehrt, aus der du sie gerufen hast«, erklärte Uma.

Tomàs war es gelungen, die Energie, mit der er gewöhnlich seinen guten Absichten zuwiderhandelte, auf ein bedeutendes Ziel zu konzentrieren. Nur wer diese Energie beherrscht, kann das bewirken, was der Skeptiker Betrug nennt, das einfache Gemüt jedoch Wunder.

»Die Kraft, die du in deinen Venen pulsieren gespürt hast, nennt sich Liebe. Die Menschen nutzen sie kaum, dabei ist sie es, die unsere Gedanken fliegen lässt und uns über die Grenzen des Verstandes hinausträgt. Ein Gedanke ohne Liebe ist wie ein Segelboot ohne Wind. Du kannst seine Oberfläche polieren, seine Form bewundern und es mit einiger Mühe sogar ein paar Meter bewegen, aber du wirst nirgendwo hinkommen.«

Tomàs ging auf das Laufband der Wünsche zu. Er wollte es noch einmal versuchen. Was ihm soeben gelungen war, hatte ihn in eine Hochstimmung versetzt, die durch die Erinnerung an Arianna geradezu an Euphorie grenzte. Kaum jedoch stand er wieder auf der Matte, flaute sein Enthusiasmus ab, und die Zweifel kehrten mit aller Macht zurück. Eine Kuh schien in seinem Gehirn wiederzukäuen.

Was war denn schon passiert? Eine hysterische Hexe hatte ihn hypnotisiert, damit er einen Felsbrocken von der Decke herabschweben sah und ihn dann wie ein neugeborenes Baby aufzuheben wähnte. Wenn es tatsächlich die Liebe war, die ihm solche Kräfte verlieh, weshalb verspürte er dann jetzt schon wieder diese schmerzhafte Leere?

Er fragte sich, wie es dem Mädchen wohl ging. Ihre flüchtige Erscheinung war ein übler Scherz gewesen, den man einzig ersonnen hatte, um ihm wehzutun. Die Belohnung, die sogar der schäbigste Märchenprinz gewöhnlich bekam, hatte man ihm vorenthalten: die Gerettete in seine Arme zu schließen. Und selbst wenn man davon ausging, dass Arianna die Heldin seines Märchens war, schien ihm das Schloss, in dem die Liebenden *glücklich und zufrieden bis ans Ende ihrer Tage* wohnen sollten, von tiefen Gräben der Angst umgeben. Nie würde er seinen Verstand hinreichend ausschalten können, um sich hinüberzuwagen.

»Jetzt weißt du es. Ja, du weißt es. Dir kann nichts Besseres passieren, als dass du dir ein Ziel setzt und alles dafür tust, es zu erreichen.«

Tomàs zuckte zusammen. Das war seine Innere Stimme. Dieselbe, die er auf der Liege der Schwarzen Vestalin schon einmal vernommen hatte.

»Wünsch dir dein Ziel. Ja, dein Ziel. Das wird deine Willenskraft befeuern.«

Die Stimme löste sich in tausend Einzelstimmen auf. Er versuchte, sich besser zu konzentrieren, und erhaschte das Echo eines Wortes.

Verlierer.

»Bis jetzt warst du ein Verlierer. Ja, ein Verlierer. Einer, der nur weiß, was er nicht will. Die Welt ist voller lebender Toter, die aufgehört haben, sich etwas von Herzen zu wünschen. Du aber kannst das noch ändern.«

»Ich will gar kein Siegertyp sein, keins von diesen Raubvogelgesichtern, die einen täglich von allen möglichen Titelbildern aus anschauen.«

»Du wirst auch kein Raubvogel sein, sondern jemand, der weiß, was er will. Ja, der es weiß. Ein Kampfhahn mit dem Herzen eines Künstlers.«

»Ich hasse Konkurrenzkämpfe.«

»Wie jeder kreative Geist. Und doch fühlt sich ein solcher stets angezogen von der Möglichkeit, das eigene Talent auszuloten«, unterbrach ihn Uma, die – wie alle Meister – Gedanken lesen konnte.

»Schluss mit diesem Blabla. Ich habe zu nichts Talent.«

»Alles, was nicht existiert, hast du dir nicht intensiv genug gewünscht.«

»Weil ich Angst habe, es wieder zu verlieren, ist doch klar.«

»Dein Leben als Mensch hat dir die Lust am Wünschen geraubt. Du glaubst nur noch an die gewöhnlichen Wünsche, weil du die reinen für unerfüllbar hältst.«

»Das ist doch Geschwätz! Die Regungen des Herzens sind verhängnisvoll, da sie Bedürfnisse schaffen und diese Bedürfnisse nur Leid nach sich ziehen.«

»Also hast du sie erstickt, um keinen Schmerz mehr zu fühlen. Du hast dich daran gewöhnt, wie ein Opfer zu denken. Nun wird es Zeit, dass du wie ein Mann zu denken lernst.«

Tomàs verlor das Gleichgewicht und musste sich an dem glühend heißen Griff festhalten. Vor Schreck schloss er die Augen und sah in der Dunkelheit seines Innern all die Gedanken eines Opfers, die er im Laufe seines Lebens gedacht hatte. Sie gingen im Gänsemarsch und trugen das Haupt gesenkt. »Es ist nicht meine Schuld … Du bist schuld … Sie sind schuld … Keiner mag mich … Ich kann nichts dafür … Keiner versteht mich … Keiner achtet mich … Ich bin nichts wert … Warum sollte sie sich in einen wie mich verlieben? …«

»Stell dir einen großen Mülleimer vor und wirf sie hinein«, befahl Uma. »Wenn du dir etwas wünschst und überzeugt davon bist, dass du es verdienst, dann frag dich nicht, warum die anderen es dir nicht geben. Geh hin und hol's dir.« Tomàs ließ den Griff los, und tatsächlich wurde das Band schneller. In seinem Kopf tauchte plötzlich wieder das Bild vom Strand auf. Die Frau ohne Gesicht entstieg den Fluten des Ozeans und schlang sich um ihn wie eine Wasserpflanze, die einen Halt sucht, auf die er sich aber selbst auch stützen konnte. Unvermittelt erklang von ihren Lippen ein Wort.

»Danke.«

Das Laufband raste los.

»Noch acht Kilometer!«, schrie die Trainerin.

Nur acht Kilometer. »Das schaffe ich«, dachte Tomàs.

Aber er musste nur noch acht Schritte tun, bevor er durch das Fenster einen goldenen Stern erstrahlen sah.

»Das Universum hat es dir bestätigt. Dein Wunsch hatte genügend Kraft, und so wurde er angenommen«, stellte Uma fest.

Der Sieger ließ sich auf das Laufband sinken, ohne den Blick von seinem Stern zu wenden. Er hatte Angst, dass er gleich wieder verschwinden würde, wenn er sich nicht darauf konzentrierte. Dann aber war die Kuh plötzlich zurück und fing an, in seinem Gehirn wiederzukäuen. Der Wunsch war akzeptiert worden, aber würde man ihn auch erfüllen? Und warum klang die Innere Stimme auf einmal so matt?

Die Trainerin erklärte, dass sein Wunsch in einer anderen Dimension bereits erfüllt worden sei und dass er sich auch in dieser verwirkliche, sobald er, Tomàs, bereit dazu sei. Was die Innere Stimme angehe, so sei diese verwirrt durch die Emotionen, die sie nicht zu kontrollieren vermochte.

»Die Menschen messen den Emotionen viel zu viel Gewicht bei, weil sie sie mit echten Gefühlen verwechseln. Emotionen machen dir die Farbe deiner Gedanken bewusst, aber sie überwältigen dich und sind nicht von Dauer. Daher lassen sie dich immer unbefriedigt und nähren Bedauern und Sehnsucht. Gefühle hingegen sind ein tiefes, beständiges Meer, das nur verdunstet, wenn es nicht mehr in Bewegung ist.«

»Aber auch Gefühle haben einen Anfang und ein Ende.«

»Wenn sie sich an der Schönheit des Universums ausrichten, haucht ihnen der Geist den Atem der Ewigkeit ein. Doch wann hättest du je deinen Emotionen erlaubt, zu Gefühlen zu werden?«

Darauf erhielt Uma keine Antwort.

»Du hast sie schon abgewürgt, bevor sie sich überhaupt zu Gefühlen entwickeln konnten. Ihre Mörder heißen Gewohnheit, Skepsis und mangelnde Kommunikation. Du solltest den Eingang zu deiner Seele freiräumen. Und da du aus Materie bestehst, solltest du auch den Tempel deines Körpers reinigen. Was du in dir vernimmst, ist die verzerrte Stimme deiner Intuition. Sie wird erst wieder rein erklingen, wenn du selbst rein bist.«

Damit verabschiedete sich die Trainerin, und Stella Maris kam wieder. Sie hielt ihm einen neuen Bademantel und eine weitere Karte hin.

… du hast mich gerettet … daher werde ich dich retten …

Zuerst Pinocchio und die Fee mit dem blauen Haar, jetzt Schneewittchen und einer der sieben Zwerge. Das war doch einfach absurd!

Obwohl sein neuer Bademantel viel leichter war als der alte, begann Tomàs wieder zu schwitzen.

Das türkische Bad

*Wo ein Mann mit dunkler Sonnenbrille und
eine Frau mit verhülltem Gesicht ihre Lebensgeschichte
in einen Spucknapf erzählen.*

XIII

Der Morgen dämmerte, doch es schien nicht recht Tag werden zu wollen. Die Schwarze Vestalin führte den Gast in die Umkleidekabine des Fitnessraums und bat ihn, sich unter einer Dusche, die zwischen Farnwedeln verborgen war, zu erfrischen.

Kaum hatte Tomàs einen der Handgriffe berührt, als auch schon Ströme eiskalten Wassers über seine Haut schossen. Er versuchte, die Temperatur auf »warm« zu stellen, erreichte aber nicht einmal dann ein annehmbares Resultat, als er die Griffe wie ein Safeknacker sanft in verschiedene Richtungen drehte. Um sich der Sache zu entziehen, stieß er die Tür auf der anderen Seite der Dusche auf und fand sich in einem Dampfbad wieder.

Ein Marmorbrunnen in der Mitte des Raums spuckte frisches Wasser aus dem Maul eines Delfins. Dort wollte Tomàs nicht hin. Ihm war danach, seine Widerstandskraft zu testen, und so ließ er sich wie ein Fakir mit Rheumatismus genau dort auf der Bank an der Wand nieder, wo der Dampf so dicht war, dass er ihm den Atem benahm.

Er sah sich um und suchte etwas, worauf er sich konzentrieren konnte, um seine Ängste zu besänftigen. Dies war mit Sicherheit der eleganteste Ort, an dem er je geschwitzt hatte. Die Mosaiken an der Wand erzählten die Geschichte der Hochzeit von Himmel und Erde, die Nacht für Nacht im Wechsel der Gezeiten gefeiert wurde. Das Schachbrettmuster des Bodens spiegelte die sanften Kontraste des Deckengemäldes, auf dem sich die Zwillinge Licht und Dunkelheit an der Hand hielten.

Tomàs hatte gerade begonnen, sich ein wenig zu entspannen, als ein Mann mit Pferdeschwanz eintrat. Sein Gesicht drückte Verachtung für alle aus, die anders dachten als er. Trotz des Halbdunkels trug er eine Sonnenbrille. Und obwohl rundum alle Plätze frei waren, setzte er sich genau neben Tomàs, der sofort zu niesen anfing.

»Da ist ja mal fast ein richtiger Mensch in dieser Hütte von Toten. Auch wenn du ziemlich fertig aussiehst«, sprach ihn der Eindringling an.

»Ich leide unter einer Allergie.«

»Wir sind alle allergisch gegen das Leben. Genau darum sterben wir ja. Oder glaubst du vielleicht, du bist eine Ausnahme?«

Tomàs war ein friedliebender Mensch mit hysterischen Zügen. Um einen Regenwurm nicht plattzufahren, machte er eine Vollbremsung, doch wenn ihm jemand unfreundlich kam, wurde er schnell grob. Das waren die Stimmungsschwankungen eines hypersensiblen Charakters.

So warf er dem Eindringling den unfreundlichsten Blick zu, den er auf Lager hatte und den er für arrogante, unverschämte und auf ihre Unwissenheit stolze Menschen reservierte. Bedauerlicherweise konnte der Typ, der direkt neben ihm seine Sentenzen losließ, in jeder der drei Kategorien einen Platz auf den vordersten Rängen beanspruchen.

Tomàs' Hände ballten sich zur Faust. Er stellte sich vor, wie er die Visage seines Nachbarn zu Brei schlug, und ließ keines der blutigen Details aus. Als er mit dem Resultat zufrieden war, erhob er sich eilig, zog den Kopf ein und strebte mit ein paar feindseligen Zischlauten dem Ausgang zu.

Aus den Tiefen seines Gedächtnisses stieg eine Erinnerung auf. Gab es da nicht die *Voladores*, bösartige Geister, die um den Menschen herumschwirrten und sich von seinem Zorn nährten? Seine Mutter hatte immer bei seinen Wutanfällen damit gedroht. »Wenn du nicht aufhörst, werden die *Voladores* immer fetter. Und wenn sie groß und stark geworden sind, fressen sie nicht mehr bloß deine Wut, sondern legen den Samen des Bösen überall in dir ab ...« Dann hatte sich Tomàs regelmäßig in ihre Arme geworfen und ihr einen dicken Kuss gegeben. Auf Küsse reagierten die *Voladores* nämlich allergisch. Genau wie er selbst in den letzten Jahren.

Er beglückwünschte sich selbst: Im Prinzip war es ihm gelungen, ruhig zu bleiben und die bösen Geister mit ein paar Brosamen abzuspeisen. Als er sich mit dem Saum seines Bademantels die schwitzende Stirn trocknete, ging ihm allerdings auf, wie dumm er sich anstellte. Der Typ mit der Sonnenbrille war vielleicht ein wenig verschroben, aber er hatte ihm nichts getan. Immerhin war er ein Mensch, und zu zweit fühlte man sich weniger allein. Also zog er die Badeschlappen an und kehrte ins türkische Bad zurück, um sich neben sein Problem zu setzen.

»Ich bin Tomàs. Zumindest war ich das, bevor ich hierhergekommen bin. Und wer bist du? Gehörst du zu den halb Lebendigen oder zu den innerlich Toten?«

Hinter der undurchdringlichen Wand der schwarzen Sonnenbrille schien der Mann Tomas' Füße zu mustern.

»Wen interessiert das schon? Deine Badeschlappen sind vollkommen unbedeutend.«

»Sie sehen doch genauso aus wie deine.«

»Eben. Das Leben ist ein Badeschlappen. Unbedeutend, weil es immer gleich verläuft.«

Tomàs war sich jetzt ziemlich sicher, welches Schicksal ihn ereilt hatte. Offensichtlich hatte ihn eine Sekte halluzinierender Durchgeknallter entführt. Vermutlich war die Luft mit Drogen geschwängert, die nur bei ihm nicht wirkten, weil seine Nase ständig verstopft war.

Als sich plötzlich die ätherische Gestalt von Stella Maris in den Dampfschwaden abzeichnete, wusste er, dass es gar nicht anders sein konnte. Im Schoß der Schwarzen Vestalin ruhte ein Zinkgefäß.

»Dies ist der Lebens-Spucknapf«, erklärte sie. »Wer ihn in die Hand nimmt, wird dazu verleitet, die Sprache zu sprechen, die man in der Welt am allerwenigsten vernimmt. Die Sprache der Aufrichtigkeit.«

»Die einzig aufrichtige Sprache, die ich kenne, ist die des Todes«, murmelte der Mann mit der Sonnenbrille.

Tomàs malte mit der Hand ein paar Beschwörungsformeln in die Luft.

»Ich versichere Ihnen, meine Herren, dass die Sprache der Aufrichtigkeit ein revolutionäres Kommunikationssystem ist«, antwortete Stella Maris geduldig. »Man sagt, was man denkt, ohne Angst zu haben, es zu sagen oder auch nur zu denken.«

»Ich würde die Vorteile der Heuchelei nicht unterschätzen. Manchmal ist eine geschickte Lüge wirksamer als eine zärtliche Geste«, warf Tomàs ein und musste drei Mal niesen.

Sein Nachbar erklärte, dass ihn derlei Idiotien nicht interessierten. Er wartete, bis die Schwarze Vestalin sich entfernt hatte, dann nahm er den Spucknapf in die Hand.

Innerhalb weniger Sekunden ergoss sich aus seinem Mund ein ununterbrochener Strom von Worten.

XIV

Er erzählte, dass er einen Namen habe, der ihm von der Person, die ihn fälschlicherweise in die Welt gesetzt hatte, aufgedrängt worden sei. Irgendwann aber habe er beschlossen, sich einen Namen zu geben, der das Schicksal allen menschlichen Lebens in sich trage.

Staub.

Außer dem Namen hätte er am liebsten auch sein Gesicht geändert. Aus diesem Grund verstecke er es hinter der dunklen Brille. Ein schwacher Trost für einen Menschen, der sich als junger Mann eingebildet hatte, die Welt verändern zu können. »Die Fantasie an die Macht«, war damals der Wahlspruch seiner Genossen gewesen. An die Macht gekommen waren dann aber sie selbst – bar jener Fantasie, die sie nur noch dem Namen nach kannten.

Er habe sie in zwei Kategorien eingeteilt: Sofa und Federbusch. Die Sofatypen waren die schlimmsten. Karrieregeil und skrupellos, obwohl sie immer so taten, als wären sie es nicht. Sie umgaben sich mit mittelmäßigen Menschen, weil Treue ihnen wichtiger war als Talent, und Zugehörigkeit wichtiger als Unabhängigkeit. Natürlich bestritten sie, dass sie zu Zerrbildern der Ungeheuer geworden waren, die sie in ihrer Jugend hatten stürzen wollen. Solche Leute hatten ihm stets Schauder über den Rücken gejagt.

Die Federbuschtypen hingegen hatten ihm immer leidgetan. Da sie um jeden Preis nach Bewunderung und äußerem Schein strebten, stolzierten sie mit ihrem Federbusch durch die Welt, ohne zu merken, dass auch dieser irgendwann zu Staub zerfallen würde.

Seine Träume habe er immer weiter schrumpfen lassen, bis sie in die Hütte am Strand gepasst hätten, in der er hauste und Surfbretter reparierte, ohne dass jemand *ihn* repariert hätte. Zurückgelassen hatte er eine Ehe voller Mottenlöcher, und auch die Landkarte seiner Wünsche war ihm längst abhandengekommen. Die Schönheit der Schöpfung hielt er für Betrug, der ihn darüber hinaus kaltließ. Wie ein Tröpfchen im gewaltigen Nieser des Universums fühlte er sich, und Resignation war in seinen Augen keine Krankheit, sondern der einzige Impfstoff, der die Menschen von der Infektion des Lebens heilen konnte.

Dann lernte er eine Frau kennen. Mit einem zerbrochenen Surfbrett stand sie vor ihm und kam dann über ein Jahr lang jeden Tag wieder. Sie erzählte ihm von gescheiterten Liebesgeschichten, die ihr die Sehnsucht zu träumen nicht hatten nehmen können. Er wusste nicht, was er sagen sollte, also machte er ihr ein Kompliment wegen ihrer schönen Schuhe.

Eines Nachmittags kam sie dann plötzlich nicht. Bis spätnachts wartete er auf sie, und der Morgen überraschte ihn, als er wie immer in düstere Gedanken verstrickt war. Plötzlich berührte ihn jemand am Arm, und da war sie, die Zehen in den Sand gebohrt und die Hände in den gewohnt schönen Schuhen versenkt.

Er zog seine Jacke aus und legte sie ihr um die Schultern, um sie vor dem kalten Wind zu schützen. Sie stellte sich auf die Zehenspitzen und küsste ihn auf die Stirn. Da sie diese Position nicht lange halten konnte, rutschten ihre Lippen tiefer, und sie küssten sich.

Er ließ sich lieben, bis die Mittagssonne am Himmel stand und die ersten Kunden kamen. Erst als sie ging, sagte sie: »Entschuldige, dass ich gestern nicht gekommen bin, aber ich hatte Besuch von einem aufdringlichen Gast. Die Ärzte sagen, es sei ein Tumor.«

Er wollte nicht den edlen Ritter spielen. »Es tut mir leid, aber ich eigne mich kaum dafür, jemanden zu trösten, der Angst vor dem Sterben hat.« »Ich habe keine Angst vor dem Sterben«, sagte die Frau. »Ich habe Lust, mit dir zu leben.«

Er verkroch sich in seiner Hütte und widmete sich dem Reparieren von Surfbrettern, den ganzen Nachmittag lang und einen Großteil des Abends, bis der Damm der Scham endlich gebrochen war und er seinen Tränen freien Lauf lassen konnte. Dann weinte er um das Schicksal dieser Frau und wegen seiner Naivität. Hatte er nicht immer behauptet, Hoffnung sei etwas für die Mittelmäßigen? Am Ende war er selbst darauf hereingefallen und hatte geglaubt, die Liebe existiere tatsächlich und spaziere barfuß über den Sand, ein Paar Schuhe in der Hand.

Als der Morgen dämmerte, schnappte er sich ein Surfbrett und paddelte hinaus, um auf die vollkommene Welle zu warten. Er bewältigte sie meisterlich und flehte den Ozean an, ihn herunterzuholen. Er wurde erhört. Der Strudel hüllte ihn in brackiges Wasser, ohne ihm Zeit zu lassen, das Spielchen des sich gegen sein Schicksal Auflehnenden zu spielen. Als er die Augen schloss, sah er die Frau vor sich. Sie stand vor seiner Hütte und versuchte, seine Aufmerksamkeit zu erregen, indem sie mit den Schuhen winkte.

Auch er war auf dem Weidenrohrbett erwacht, auch er hatte im Spiegel seine Seele erblickt: eine alte, steife Frau, die mit angezogener Handbremse in einem Auto mit verschmierten Scheiben saß. Vom Laufband der Wünsche war er hinuntergestürzt, weil das Fenster mit den erloschenen Sternen dahinter ihm nur ein höhnisches Lachen abgenötigt hatte.

Damit hörte er auf, in den Spucknapf zu spucken, und schwieg.

»Wenn du hier bist, heißt das wohl, dass du dir wünschst, für immer und ewig mit der Frau zusammen zu sein«, sagte Tomàs.

»Lass mich doch mit deinen Ammenmärchen in Ruhe. Nichts ist ewig, außer das Nichts.«

Staub verschwand in den Dampfschwaden, nachdem er den Spucknapf zu Boden geschleudert hatte. Tomàs hütete sich, ihn aufzuheben, konnte aber sehen, dass der Napf leer war. Sollte es möglich sein, dass sich das Leben eines Menschen so schnell in nichts auflöste?

Etwas in ihm wehrte sich gegen die Übermacht des Leids, und so begab er sich in die Mitte des Raums und steckte die Füße in den kühlen Brunnen. Obwohl der dichte Dampf die Sicht behinderte, hatte er das Gefühl, nicht alleine zu sein. Tatsächlich bestätigte der Anblick zweier weiterer Füße im Brunnenbecken seinen Verdacht. Und nun zeichnete sich auch die Gestalt einer jungen Frau neben ihm ab.

Ihr Antlitz war von einem Schleier bedeckt.

XV

»Was für ein seltsamer Typ, dieser Staub!«, rief sie und warf ihm ihre Stimme um den Hals, als hätte sie einen alten Freund wiedergefunden.

»Mein Typ ist er nicht gerade.«

»Ich frage mich auch, wie man mit Sonnenbrille in einem türkischen Bad herumsitzen kann.«

»Oder mit einem Schleier vor dem Gesicht«, entgegnete Tomàs, dem diese Vertraulichkeit zuwider war. Aber die Blondine, die neben ihm saß, hatte nichts Aufdringliches, sondern strahlte die übertriebene Fröhlichkeit desjenigen aus, der einen Schmerz dahinter verbirgt.

»Versprichst du mir, dass du nicht losschreist, wenn ich den Schleier abnehme?«

»Mittlerweile kann mich nichts mehr erschüttern.«

»Nicht einmal das?« Theatralisch zog sie sich den Schleier vom Gesicht.

Ihr Gesicht war einzigartig. Sie hatte meerblaue Augen und hohe Wangenknochen. Die herzförmigen Lippen durchbrachen die Vollkommenheit ihrer Züge und verliehen ihrem Antlitz Persönlichkeit.

»Erkennst du mich?«

Tomàs schüttelte den Kopf.

»Ich danke dir für die Lüge«, fuhr das Mädchen fort. »Leider erkennen mich immer alle. Ich bedecke mein Gesicht, um mich den Blicken derer zu entziehen, die mich begehren.«

»Das ist vermutlich ein hartes Stück Arbeit.«

»Ich habe vier Leibwächter, die mich Tag und Nacht beschützen. Ich allein weiß, was mich das kostet.«

»Und du lässt dich von diesen vier Schakalen ausnutzen, ohne zu rebellieren?«

Sie brach in ein Lachen aus, das augenblicklich jede Härte verschwinden ließ.

»Ich bin keine Prostituierte, ich bin ein Star.«

»Du bist Schauspielerin?«

»Nicht direkt. Ich bin ein Fernsehstar. Aber warum tust du so, als würdest du mich nicht kennen? Ich bin Morena, die Tochter des Hais.«

Tomàs betrachtete seine großen Zehen im Wasser.

»Tut mir leid. Ich kenne zwar viele Haie, aber keine ihrer Töchter.«

»Das gibt's doch gar nicht. Meine Figur taucht in allen Episoden auf. Es geht um die Geschichte des bösen Ölmagnaten, der eine schöne Tochter hat. Die hasst ihn und verliebt sich, um ihn zu ärgern, in seinen Rivalen Don Demòn. In der zweiten Staffel schließt Morena Frieden mit ihrem Vater und verlässt Don Demòn, aber dann verliebt sie sich in den Sohn.«

»Den Sohn von Don Demòn?«

»Ja und nein. Sie verliebt sich in den Sohn, den der Hai mit der Frau von Don Demòn zusammen hat, was außer den beiden natürlich niemand weiß. Don Demòn hat den Jungen im Glauben aufgezogen, er sei sein Sohn. Auch der Junge hat keine Ahnung, bis er und Morena heiraten wollen. Dann sagt die Mutter … Aber wieso zwingst du mich, dir die Handlung zu erzählen? Du kennst sie doch. Jeder kennt sie. Wie kannst du behaupten, dass du sie nicht kennst?«

Tomàs massierte sich die Schläfen, um den Druck zu lösen, der sicher nicht vom Dampf herrührte. Die Worte dieser Frau konnten mit dem Fluss ihrer Gedanken kaum Schritt halten und überschlugen sich in einer Weise, dass ihren Gesprächspartner unweigerlich ein Gefühl der Beklemmung überkam.

»Ich begreife nicht recht, wer Morena ist. Du oder deine Rolle?«

»Beides natürlich.«

»Aber heißt Morena nicht so viel wie ›die Dunkle‹? Wieso heißt du Morena, wo du doch blond bist?«

»Meine Haare sind eben so. Soll ich meinen Namen färben?«

»Lauter Irre hier.«

»Mir gefällt's. Ich habe zwar immer noch nicht verstanden, wie ich hierhergekommen bin, aber das werden wir schon noch herausfinden, nicht wahr? Ich hatte eine wunderbare Kindheit und wunderbare Eltern, die mir beigebracht haben, das Leben bei den Hörnern zu packen. Ich habe zwölf Schönheitswettbewerbe, siebenundzwanzig Probeaufnahmen und dreiunddreißig Betten hinter mich gebracht, bevor ich zu der wurde, die ich bin.«

Ihre Sätze waren zwar mit zu vielen Ichs gespickt, aber Tomàs fand sie trotzdem sympathisch. Sie gehörte nicht zu den Unerreichbaren, die ihre körperliche Schönheit als Vorzug sahen, für den die Minderbemittelten teuer zu bezahlen hatten. An ihrer Schönheit ließ sie alle mit dem gleichen Überschwang teilhaben, was unbedarfte Zeitgenossen oft mit Verfügbarkeit verwechselten.

»Ich bin ein außergewöhnlicher Mensch, glaub mir«, erklärte Morena und verzog den Mund zu einem Schnütchen.

»Das bezweifle ich nicht.«

»Und Staub auch … Staub! Findest du den Namen nicht herrlich?«

»Für einen Totengräber vielleicht.«

»Als Erstes hat er mich darum gebeten, ihn auf den Hals zu küssen.«

»Er kommt eben gleich zur Sache. Vielleicht hat er dich auch für eine Vampirin gehalten.«

»Das verstehst du nicht. Konventionen sind ihm egal. Er hat gesagt: ›Da sowieso nichts von Bedeutung ist, küss mich auf den Hals und frag nicht, was das für einen Unterschied macht.‹«

»Und hast du ihn geküsst?«

»Ich … Hallo, was ist denn das da für ein Ding? So eine Schale habe ich auch zu Hause … Vielleicht ist es ja gar keine Schale, sondern ein Nachttopf … oder eine Salatschüssel?«

Morena nahm den Spucknapf in die Hand und sprach plötzlich viel langsamer.

XVI

Sie erzählte, dass sie auf einer Müllhalde zur Welt gekommen sei, in den Außenbezirken einer großen Stadt. Ihre Mutter sei so dick gewesen, dass sie kaum durch die Tür ihrer heruntergekommenen Hütte gepasst habe. Ihr Vater wiederum sei stets betrunken gewesen und habe nicht nur lange Finger gehabt, sondern dieselben auch nicht von ihr lassen können.

Mit neun Jahren fand sie in einer Mülltonne den Prospekt einer Konditorei, die Schokoladenbeignets herstellte. So musste das Paradies aussehen. In kalten Nächten deckte sie sich mit dem Papierfetzen zu und träumte von Schutzengeln, die aussahen wie Beignets.

Eines Frühlingsnachmittags entkam sie den Klauen ihres Vaters und marschierte durch die halbe Stadt bis zu der Konditorei. Die Schokoladenbeignets thronten mitten in der Kuchenvitrine. Das Mädchen mischte sich unter die Kunden, um schnell zuschnappen zu können, doch die Verkäuferin war schneller, schnappte ihrerseits zu und brüllte, sie sei eine Diebin.

In ihrem ersten und ungeplanten Vorsprechen verkündete sie mit beleidigter Stimme, sie könne sich jeden Luxus leisten, sogar den des Bezahlens. Als sie in ihren Taschen wühlte, als wüsste sie nicht mehr, wo sie das Geld hingesteckt hatte, spürte sie, wie jemand sie an der Schulter berührte. »Da, meine Kleine, das ist dir hinuntergefallen«, und schon hatte ihr der alte Mann einen Geldschein zugesteckt.

Es war ein pensionierter Lehrer, verwitwet und ohne Kinder. Blind von Geburt an, sah sein Herz klarer als das anderer Menschen. Von jenem Tag an widmete er sich der Aufgabe, sie zu unterrichten. Er öffnete ihr die Augen für die Schönheiten der Welt und enthüllte ihr das Geheimnis des Seins, das sich seiner Ansicht nach im ersten großen Fußballspiel der Menschheit offenbarte. Zwei uralte Völker hatten es ausgetragen, die Hethiter und die Amoriter.

Die Hethiter waren sehr viel stärker, sodass die Amoriter bald in Rückstand gerieten. Doch statt nun gegen das gegnerische Tor anzurennen, stellten sich die Amoriter alle vor das eigene Tor, um eine Niederlage abzuwenden. Erst als der Gegner am Ende seiner Kräfte war, schossen die Stürmer der Amoriter nach vorne wie der Kopf einer Kobra, die zu lange in den Korb des Schlangenbeschwörers gesperrt war. Beim ersten Mal erfolgte der Ausgleich. Beim zweiten Mal errangen sie den Sieg. Die Epen jener Zeit priesen die Klugheit der Amoriter, die das Ausmaß der Niederlage in Grenzen gehalten hatten, ohne sich Illusionen über die Natur des Resultats zu machen. So hatten sie am Ende den größten aller Siege errungen, den über sich selbst.

Lange Zeit hatte sie geglaubt, das Spiel zwischen Hethitern und Amoritern habe tatsächlich stattgefunden.

Doch auch nachdem sie begriffen hatte, dass es nur der Fantasie ihres blinden Lehrers entsprungen war, hielt sie sich an die Lektion, die sie gelernt hatte. Sie hatte die Härten der Armut überstanden, als die Figur aus der Seifenoper, die ihren Namen trug, sie plötzlich zu einer reichen und berühmten Frau machte. Schon bald merkte sie aber, dass es einfacher war, sich vor einer Niederlage zu schützen als vor dem Erfolg.

Nachdem ihr Wohltäter gestorben war, verlor sie sich in Extremen. Sie überschritt Grenzen, um Emotionen kennenzulernen, die ihren Adrenalinspiegel hochschnellen ließen. Diese suchte sie im Rausch – in Alkohol und Drogen –, ohne je etwas anderes zu finden als Missverständnisse und Illusionen. Auf der Suche nach dem verlorenen Geschmack verschlang sie ganze Tabletts voller Beignets und kotzte sie wieder aus. Und liebte Männer, die sie nur ausnutzten. Wie alle Menschen, die während ihrer Kindheit wenig Zuwendung erfahren hatten, fühlte sie sich vor allem zu Menschen hingezogen, die sie leiden ließen.

So lernte sie, ihre Verzweiflung hinter aberwitzigen Wortschwallen zu verstecken, denn wenn man nicht originell war, hatten einen die Leute schnell über. Sie ging zu einem Psychoanalytiker, bis ihre Sekretärin und einzige Freundin sie zu den Versammlungen einer religiösen Bewegung mitnahm. Die Deklamation der stets gleichen Gebete vermochte ihre Unruhe zu besänftigen, doch der verlangsamte Rhythmus ließ sie plötzlich in die Depression abgleiten. Sie ging nur noch verschleiert aus dem Haus, um sich vor neugierigen Blicken zu schützen. Ausgerechnet sie, die das Bad in der Menge immer genossen hatte, begann nun, sich davor zu fürchten.

Nun schaffte sie es sogar, sich von Mokò, ihrem Regisseur, zu trennen, einem übergriffigen Trunkenbold, den sie jahrelang gebeten hatte, sie zu heiraten, mit ihr ein Kind zu haben und ihr eine interessantere Rolle zu geben, von dem sie aber außer nebulösen Versprechungen nie etwas bekommen hatte. Sie waren wie die Lava und das Meer, die, wenn sie aufeinandertrafen, viel Dampf erzeugten. In diesen Nebelschwaden hatte sie sich schließlich verloren. Daher schloss sie ihre Liebe in ein Kästchen ein und warf den Schlüssel weg.

Nach einer Reihe von Abstürzen ging sie dann eines Tages während einer Kreuzfahrt mit ihren Fans über Bord. Die Schreie ihrer Sekretärin, als sie in den Ozean eintauchte, hatte sie noch im Ohr. Ehe sie das Bewusstsein verlor, dachte sie an den blinden Lehrer, dem sie die einzigen echten Gefühle ihres Lebens verdankte, und wurde plötzlich durchdrungen von dem Wunsch nach einem Mann, dem sie endlich vertrauen könnte.

In den Thermen hatte sie ihre Seele im Spiegel gesehen: ein kleines Mädchen mit aufgeschlagenen Knien, das immer wieder vom Balkon fiel, weil es sich nicht am Geländer festhalten wollte, aus lauter Angst, es könnten die Gitterstäbe eines Käfigs sein. Im Fitnessraum war sie mehrere Male vom Laufband gestürzt, bevor sie es geschafft hatte, ihren Wunsch zu äußern.

»Das ist mein Leben«, schloss sie. »Genau das habe ich auch kürzlich in einem Interview gesagt: Meine Knie sind zwar aufgeschlagen, aber wenn ich könnte, würde ich alles noch einmal genauso machen.«

Und damit war der Wortschwall, den sie in den Napf gespuckt hatte, beendet. Sie schwieg.

Tomàs antwortete mit einer Salve heftiger Nieser, die sie zwangen, sich in die Umkleidekabine zurückzuziehen, wo sich Morena auf eine Schale Bananen stürzte.

»Ich kann Leute nicht ausstehen, die meinen, sie würden alles noch einmal genauso machen«, verkündete Tomàs, sobald er sich erholt hatte. »Wenn ich könnte, würde ich an meinem Leben einiges ändern. Möchtest du ein paar Dinge hören?«

Sie hatte den Mund voll und konnte nichts entgegnen.

»Ich würde gerne meine unterkühlte Kindheit gegen eine wärmere Version austauschen. Meinen Universitätsabschluss würde ich für eine fünfjährige Weltreise hergeben. Und statt Kindern, die das Fach verabscheuen, Unterricht in Altgriechisch zu geben und mir die Klagen ihrer Eltern, die mich verabscheuen, anhören zu müssen, würde ich ein Tischchen auf die Straße stellen und allen, die es hören wollen, Homer vorlesen.«

»Und in der Liebe?«, fragte Morena aus einem Haufen Bananenschalen heraus.

»Ich würde sie häppchenweise genießen, ohne mir den Spaß durch die Suche nach etwas Dauerhaftem zu verderben. Ich würde aufhören, nach dem Unmöglichen zu streben, und mich nur noch auf Zeit verlieben wie alle

Menschen. Ich würde die Emotionen genießen, solange sie anhalten, um mich dann ohne jedes Bedauern davon zu lösen, denn keine Liebe dauert ewig.«

»Du hattest vermutlich ein ernstes Problem mit deinem Vater.«

»Und du auch noch mit allen anderen«, antwortete er pikiert. »Wahrscheinlich hat dich deine Sekretärin ins Wasser geschubst. Sie war eifersüchtig und konnte zudem dein dauerndes Geplapper nicht mehr ertragen. Wenn ich Richter wäre, würde ich ihr mildernde Umstände zubilligen. Es sei denn, sie hätte ein Techtelmechtel mit deinem Regisseur gehabt. In diesem Fall würde *er* die mildernden Umstände bekommen, wenn er euch beide ins Wasser gestoßen hätte.«

»Du siehst zu viele Seifenopern.«

»Nur die deine habe ich scheinbar versäumt. Das passt dir gar nicht, oder?«

Morena machte den Mund auf, um ihm Bescheid zu stoßen. Doch dann widerstand sie der Versuchung, kniete vor der Obstschale nieder und stimmte eine unverständliche Litanei an.

»Alles in Ordnung?«, fragte Tomàs.

Er hatte viel Zeit, ihren Rücken zu bewundern und die Locken zu zählen, die ihr über die Schultern fielen, bevor sie sich zu einer Antwort herabließ.

»Das ist ein Mantra der Liebe, das ich aufsage, um mit den tiefsten Schichten meines Selbst in Berührung zu kommen.«

»Betest du immer vor einer Schale Bananen?«

»Ich bete, wo mir danach ist. Das ist sehr entspannend. Immer wenn ich am liebsten losbrüllen würde, knie ich nieder und bete.«

»Und wann würdest du am liebsten losbrüllen?«

»Fast andauernd«, antwortete Morena und ließ ihr ansteckendes Lachen erklingen.

Die Tür der Umkleidekabine ging auf, und Staub erschien. Seine Sonnenbrille war beschlagen, der Mund zur üblichen Miene des Abscheus verzogen.

»Wenn ihr mit den Witzen durch seid, wäre da draußen ein Ungeheuer, das euch sprechen möchte.«

Der Tee des Willens

Bei dem die Gäste der Thermen lernen, sich von hellen Büchern zu ernähren und einem Wesen zu lauschen, das den Körper einer Amphore besitzt.

XVII

An der östlichen Wand des Kreuzgangs markierte ein Lichtstrahl die Konturen einer eigenartigen Kreatur. Ihre Stirn wölbte sich eiförmig über den glatten Wangen. Der Schwanenhals ragte aus einem üppigen Matronenbusen hervor, der wiederum in einen runden Bauch und breite Hüften überging. Nur knapp bedeckte die rote Tunika das Geschöpf, das einer Amphore glich. In den zierlichen Händen hielt es ein Tablett mit zwei Bücherstapeln, drei Tassen und einer Teekanne darauf.

Das Wesen nannte, nein, psalmodierte seinen Namen: Andrea. Die Stimme, der man kein Geschlecht zuordnen konnte, hatte das Vibrato einer Flöte. Wie Balletttänzer sprangen die Worte aus seinem Mund hervor und schlugen in der Luft ein Rad, bevor sie lautlos zu Boden fielen.

»Es ist Wintersonnenwende – leg deinen Samen in die Erde. Wie die Sonne wirst du ruhen, um mit neuer Kraft wiederzukehren. Mit dem Leben wirst du dich vereinen und vom Tode auferstehen.«

Das Geschöpf wies auf drei Ruhebetten, die kreisförmig unter dem Dach einer Eiche angeordnet waren. Es forderte sie auf, sich zur Rast niederzulegen und dem

Rhythmus der Natur zu lauschen. Dann verstummte es. Nur noch das Rascheln der Bäume und das Murmeln des Wassers durchbrach jetzt die Stille.

Staub hatte die Arme verschränkt und blieb mit herausforderndem Blick stehen. Morena kniete nieder und begann, ihre Gebete zu rezitieren. Nur Tomàs legte sich ohne weitere Aufforderung hin, auch wenn es ihm nicht gelang, den Blick von dem Amphorengeschöpf abzuwenden. Er sah, wie es zärtlich mit den Fingern über die Bücher strich, die offensichtlich nach ihrer Farbe in zwei Stapel aufgeteilt worden waren: da die hellen, dort die dunklen. Andrea bemerkte seinen Blick und lächelte.

»An der Tafel eines Weisen darf es an nichts fehlen. Die dunklen Bücher zum Forschen, die hellen zum Fliegen.«

Dann erzählte Andrea die Geschichte von Acaro.

Acaro war ein lebenshungriges Kind. Schon morgens zum Frühstück aß er zwei Bücher, ein salziges und ein süßes. Das salzige Buch hatte einen dunklen Einband und erzählte von den Übeln der Welt, von all ihren Tragödien, Betrügereien und Grausamkeiten. Das süße Buch hingegen hatte einen hellen Einband und duftete nach Honig. Es erzählte von Träumen, von der Liebe, von den uralten Weisheiten, die der Mensch vergessen hatte.

So wuchs Acaro zu einem gesunden, heiteren Jungen heran. Eines Morgens jedoch fand er seine Ration an honigsüßen Seiten nicht auf dem Frühstückstisch. »Du musst jetzt erwachsen werden«, erklärten ihm seine Eltern. »Dazu brauchst du vor allem dunkle Bücher. Von heute an bekommst du nur noch solche.« Acaros neuer Speiseplan entsprang auch einer Notwendigkeit, denn es gab nicht allzu viele helle Bücher, waren sie doch viel schwieriger zu schreiben. Das Gute lässt sich nicht so leicht erzählen, und von zu viel Honig wird einem schnell schlecht.

Und so ernährte sich Acaro bald nur noch von Übeln. Er lernte die Bosheit des Menschen in all ihren Spielarten kennen und verschlang wie besessen die Beschreibungen des Schmerzes. Nach einiger Zeit jedoch spürte er, dass seine Muskeln nicht kraftvoll und stark davon wurden, sondern verkümmerten. Acaro wurde ein dickliches, schwaches Kind. Stets war er niedergeschlagen, und obwohl er niemandem traute, wurde er doch immer wieder betrogen. Das Wissen um die Ungerechtigkeit hatte ihm die Lust zu kämpfen verleidet. Zunehmend zog er sich hinter eine Mauer aus Zynismus und Kälte zurück, bis er schließlich zu essen aufhörte. Er, der immer rund gewesen war, magerte ab, bis er nur noch Haut und Knochen war. Wie ein Schlafwandler strich er durchs Haus. Seine Eltern konnten Acaro nicht helfen, waren doch auch sie Schlafwandler.

Eines Morgens machte er sich auf die Suche nach etwas, das seinen abgestumpften Gaumen noch reizen könnte, und stieg in den Speicher hinauf. Dort sah er plötzlich den Einband eines seiner alten hellen Bücher leuchten. Er knabberte daran herum, und Satz für Satz nahm sein Gesicht wieder Farbe an. Auf diese Weise lernte Acaro, das Leben zu verdauen. Die dunklen Bücher lehren uns, uns dem Leben zu stellen. Die hellen hingegen erinnern uns daran, dass wir es durch unsere Träume verwandeln können.

Der Kreuzgang hallte wider von Staubs sarkastischem Klatschen.

»Wie sollen die hellen Bücher denn Sinn ins Leben bringen, wenn das Leben absolut sinnlos ist? Die dunklen Bücher, wie du sie nennst, sind wenigstens so ehrlich, auf diesen Fehler hinzuweisen. Wenn ein paar Gimpel sie zu deprimierend finden, sollen sie sich doch mit deinen Fabeln amüsieren. Am Ende werden auch sie dem Tod nicht entgehen.«

Andrea legte den Stapel dunkler Bücher auf den Boden.

»Ich weiß, dass ihr diese Bücher schon kennt. Aber jetzt ist Schluss mit den Fabeln. Jetzt werdet ihr eine wahre Geschichte hören: die vom Tee der Willenskraft.«

Und damit griff Andrea zu der Teekanne, um ihnen eine schimmernde Flüssigkeit einzuschenken.

»Das ist Lindenblütentee. Er wird eure Kehle hinunterfließen und in eurem Herzen zum lebendigen Wort erwachen.«

Damit reichte er ihnen die Tassen, öffnete eines der hellen Bücher und begann, ihnen die Geschichte zu ersingen.

XVIII

Die Ballade von Nicole

Nicole war weiß und in Südafrika geboren,
sie hielt sich meist vor der Welt verborgen.
Ihr Blick war eisig, die Lippen schmal,
sie strahlte, und doch war ihr Lächeln kalt.

Schlichte Freuden hat sie immer gesucht:
Schwimmen im Meer, in den Wellen der Bucht,
den Genuss von Fisch in der Nähe vom Strand,
wenn sie sich in Gesellschaft befand.

Bei solch einem Essen sah sie ihn,
der schöne Australier kam zu ihr hin,
und als er dann wieder nach Hause wollte,
wusste sie, dass sie ihm folgen sollte.

Es schäumte, als sie die Wellen durchpflügte,
und ihrem Herzen sich entrang ein Gelübde:
Um seine Liebe für immer zu gewinnen,
würde sie nach Australien schwimmen.

Ihre Freunde konnten darüber nur lachen,
klug, wie sie waren, so gebildet und wach,
der ewigen Liebe Gesetz war ihnen
noch niemals besonders plausibel erschienen.

Gewiss waren Männer flüchtig und faul,
das galt ihnen allen als völlig normal.
Doch Penelope hatte ausgeharrt,
war Odysseus nicht hinterhergejagt.

Sie dachten: »Was der wohl im Hirn rumspukt?«,
und lachten sie aus und pflanzten ihr flugs,
damit sie vom Abenteuer nichts verpassten,
einen Chip ein, um ihren Weg zu erfassen.

Neun lange Monate dauerte die Reise,
und verirrte sie sich, blickte sie weise
zu den Sternen hinauf und fasste sodann
stets neuen Mut für ihren Plan.

In Australien schließlich angekommen,
hatte der Kerl sie längst wahrgenommen.
»Küssen oder abhauen?«, fragte er sich noch,
aber schließlich rührte die Sache ihn doch.

Ich hoffe sehr, dass diese Tat
auch euer Herz zu rühren vermag.
Was jetzt nur noch zu sagen bleibt:
Nicole, die Weiße, war ein Hai.

Morena brach in Tränen aus.

»Das ist meine Geschichte! Ich will sie spielen. Ich, die Tochter des Hais, werde Nicole sein.«

»Vielleicht warst du sie ja in einem anderen Leben schon«, merkte Tomàs an, ohne allzu sehr daran zu glauben.

»Oder du bist es in diesem, ohne es zu merken«, höhnte Staub.

Andrea legte den Finger an die Lippen.

»Dem Menschen ist die Gabe des Wortes gegeben, doch ist sie verschwendet, solange ihr Unsinn redet und diesen im Universum verbreitet. Wenn ihr den Tee ausspuckt, kann er nicht bis zum Herzen vordringen.«

»Ich habe nur die Sprache der Aufrichtigkeit benutzt«, protestierte Morena und wischte sich eine Träne von der Wange.

»Du hast ein Versprechen abgelegt, ohne es reifen zu lassen. So aber sind die Worte verschwendet, sie hinterlassen keine Spur. Viele wirst du später verleugnen und dabei oft das Gesicht verlieren.«

»Und wie soll ich mich dann ausdrücken?«

»Die Worte sollten dir nicht wie Speichel aus dem Mund tropfen. Lass sie wie Milch von deinen Lippen fließen, wie Lava. Lass sie dein ganzes Wesen ausdrücken. Und vergiss nicht: Im Wort liegt das Heil, in den Worten der Untergang.«

»Er will dir auf elegante Weise sagen, dass du zu viel redest«, warf Tomàs ein. Aber Andrea hatte auch für ihn eine Botschaft.

»Das Wort wird im Kopf geboren, doch braucht es Wärme. Daher musst du es ins Herz verpflanzen. Nur wenn aus Emo-

tionen Gefühle werden, hat das Wort die Kraft, die Welt zu erschaffen.«

In der nun eintretenden Stille dachte Tomàs darüber nach, wie viel doch geredet wurde, ohne dass die Worte den Weg über das Herz nahmen. Oberflächliche Antworten, nicht eingelöste Versprechungen, boshafte Verleumdungen. Ihm kamen sie vor wie Flugdrachen, die der Wind der Unwissenheit zu Boden riss. Sie stapelten sich übereinander, bis der Berg die Sonne verdeckte.

Plötzlich erklang die Stimme des Direktors in seinem Rücken.

»Nun, Tomàs, hast du endlich begriffen, worin dein Talent liegt?«

Das Becken des Ich

Wo Tomàs von seiner Seele trinkt, die Vergangenheit klärt und Kontakt mit einer Schlange hat.

XIX

Der Angesprochene zuckte zusammen. Nun, sein Talent war ganz offensichtlich die Geduld. Er hatte imaginäre Felsen gestemmt, Worten aus dem Spucknapf gelauscht, Geschichten von verliebten Haifischen angehört. Und er war immer noch bei Verstand.

»Du kennst dich immer noch nicht«, sagte der Direktor.

»Ich habe meinen Wunsch nach Liebe dem Universum anvertraut, und nun warte ich darauf, dass er Erwiderung findet. War das nicht die Aufgabe, die ich vollbringen sollte?«

»Eine Liebe, die dich von der Ergründung deines ureigensten Talents abhielte, wäre kein authentisches Gefühl.«

»Genau das habe ich meinem Verlobten auch immer gesagt, wenn er meine künstlerischen Ambitionen dämpfen wollte«, fiel Morena ein.

»Es genügt nicht, nur mit dem Geist oder dem Körper zu lieben. Beides muss im Herzen zusammenfließen, und genau dort ist der Sitz eures Talents«, fuhr der Direktor fort. »Die Liebe gleicht der Dreifaltigkeit: Idee, Energie und Gefühl. Philos, Eros, Agape.«

Während er diese Worte sprach, tippte er sich an die Stirn, dann auf einen Punkt unterhalb des Nabels und verschränkte schließlich die Arme vor der Brust.

»Agape wohnt in der Kammer des Herzens ... Mein ganzes Leben lang strebe ich schon danach«, murmelte Morena.

»Der Schmerz hüllt sie ein wie ein Käfig. Du hast Abkürzungen gesucht, um ihm aus dem Weg zu gehen, und dich in extreme Erfahrungen und immer neue Empfindungen gestürzt. Das ist fehlgeschlagen, weil niemand dem Schmerz aus dem Weg gehen kann.«

»Der erste vernünftige Satz, den ich hier zu hören bekomme«, knurrte Staub.

»Es gibt nur einen Ausweg: Die Gitterstäbe des Käfigs lockern, auseinanderbiegen und hindurchklettern.«

»Und sobald wir den Käfig hinter uns haben, sollen wir die Liebe finden? Das verstehe ich nicht ...«, warf Tomàs ein.

»*Wie innen, so außen* ... Wenn ihr euch mit eurer Seele vereint habt, könnt ihr das Ganze in der Außenwelt wiederholen und euch mit eurer Zwillingsseele vereinen. Die Liebe ist ein Ziel, das man zu zweit erreicht, wenn jeder für sich den Weg dorthin gefunden hat.«

Mit diesen Worten überreichte der Direktor den dreien neue Bademäntel. »Es ist Zeit! Jetzt geht's an die Badekur. Ihr lasst euch ins Wasser gleiten und werdet dort wunderbaren und schrecklichen Prüfungen unterzogen, die euch dazu bringen sollen, jene Kräfte zu wecken, die unerkannt in euch schlummern.«

Sie verließen den Kreuzgang. Draußen tanzten Schneeflocken durch die klare Luft. Obwohl sie mitten im Winter gelandet waren, hielt der Bademantel sie warm.

Unter dem asphaltgrauen Himmel näherte sich ihnen ein Mann mit einem weißen Bart, der so lang war, dass er bis auf die Erde herabhing. Er lächelte wie ein Kind, hatte die weißen Haare eines Alten, und aus seinen Pupillen strahlte das Licht von tausend Sonnen. Wenn er die Augen öffnete, schienen die Flammen eines uralten Feuers die Finsternis zu zerreißen.

»Noah, der Wasserheiler«, stellte der Direktor ihn vor. »Niemand kennt sich mit heilenden Kräften besser aus als er. Da er ein weiser Mann ist, redet er nicht viel. Doch was er sagt, wird direkt in euer Herz dringen.«

Noah bedankte sich mit einem freundlichen Nicken. Dann forderte er sie auf, ihm einen schmalen, von kleinen Schneewällen gesäumten Weg entlang zu folgen. Tomàs und Morena bewarfen sich mit Schneebällen und fühlten sich einen Augenblick lang in ihre Kindheit zurückversetzt, wenn die alles verhüllende weiße Decke die Dinge zum Schweigen brachte.

Der Weg mündete in einen Eichenhain, der von Misteln überwuchert war. Im Schutze der Bäume lagen drei L-förmige Wasserbecken, in denen eine rötlich schimmernde Flüssigkeit blubberte. Der Wasserheiler bedeutete ihnen hineinzusteigen.

»Ist das ein Befehl?«, raunte Staub und verzog das Gesicht.

»Gehorche nicht anderen, gehorche nur dir selbst«, antwortete Noah.

Daraufhin stieg der Mann, der immer noch seine dunkle Sonnenbrille trug, zögernd ins nächstliegende Becken. Morena ließ sich quietschend in das Becken in der Mitte fallen, doch kaum war sie aus der sprudelnden Flüssigkeit wieder aufgetaucht, beschwerte sie sich, dass die Flüssigkeit auf der Haut brenne. Tomàs, der einen Schritt auf das Becken zu getan hatte, wich wieder zurück.

»Ich kann nicht schwimmen«, wandte er ein.

Der Wasserheiler strich sich über den Bart.

»Nicht der Fehler ist schuld an deinem Unglück, sondern die Rechtfertigung, mit der du ihn zu kaschieren versuchst.«

Wieder so eine Phrase. Langsam fand er das unerträglich.

»Warum sollte ich freiwillig in diese Brühe steigen?«

»Nicht alles Wertvolle kostet etwas. Aber alles, was etwas kostet, ist wertvoll.«

Tomàs nahm seinen ganzen Mut zusammen, setzte sich an den Beckenrand und versuchte vorsichtig, die große Zehe ins Wasser zu tauchen. Sein Plan war simpel: Er würde sich Zentimeter um Zentimeter hineinsinken lassen. Dummerweise war der Wasserspiegel zu weit unten, um ihn im Sitzen erreichen zu können. Verstimmt erhob er sich und betrachtete das Geblubber, das ihm wie der Höllensumpf vorkam.

»Die eigentliche Wahl besteht nie zwischen Tun oder Nicht-Tun«, erklärte Noah. »Sie besteht vielmehr darin, ob wir diese Wahl aus Angst oder aus Entschlossenheit treffen.«

Tomàs ließ sich seine Worte durch den Kopf gehen. Er dachte an die Menschen, die zusammen waren, ohne sich zu lieben, nur weil sie Angst vor der Einsamkeit hatten. Und an jene, die sich liebten, aber nicht zusammen waren, weil sie um ihre Freiheit fürchteten. So unterschiedlich diese Entscheidungen auch aussehen mochten, am Ende führten beide zum Scheitern, weil sie letztlich aus Feigheit getroffen wurden.

Er fragte sich, was ihn eigentlich dazu bewogen hatte, Frauen in letzter Zeit aus dem Weg zu gehen. Heldenhafte Entsagung oder Angst vor Schmerz? Was Morena über die Verteidigung der Niederlage erzählt hatte, zeigte deutlich, dass auch Entsagung eine mutige Entscheidung sein konnte. Wenn er sich sicher war, dass es ein Fehler war, sich auf die Liebe einzulassen, war es gut, dass er sich von ihr ferngehalten hatte, statt weiteren Schaden anzurichten. Aber war er sich denn sicher?

In seinem Herzen fand er die Antwort nicht. Er stellte sich ein Leben vor, in dem man keine Wahl trifft und sich von den Entscheidungen anderer bestimmen lässt. Das erforderte keine große Anstrengung, denn genauso war sein Leben verlaufen. Er sah in die dunkle Flüssigkeit zu seinen Füßen, und plötzlich erschien ihm dieser Sumpf weniger höllengleich als die Tatsache, dass er verdammt dazu schien, in alle Ewigkeit hineinzustarren.

Unvermittelt übernahmen seine Beine das Kommando und ließen sich nur mit äußerster Willenskraft zurückhalten. Hätte Tomàs sich jetzt hineingleiten lassen, so hätte er es wieder nur aus Angst getan.

Ihm fielen die Sommerferien ein, die er mit einem Freund verlebt hatte, als er achtzehn war. Sie hatten sich in zwei Schwestern verliebt, die auf der anderen Seite des Ozeans lebten. Anders als Nicole, der weiße Hai, hatten sie es allerdings nicht gewagt, die heimischen Gefilde zu verlassen. Sie hatten versucht, die zarten Bande mit Hilfe von Postkarten weiterzuknüpfen, doch mit Einbruch des Winters riss das Band.

Während der Freund die Romanze schnell vergessen hatte, wurde Tomàs von der Unruhe ergriffen, die das Unbekannte stets in ihm auslöste. Wäre er dieser unreifen Liebe gefolgt, hätte er vermutlich eine Enttäuschung erlebt, doch sein Leben wäre in Schwung gekommen. »Das Ziel, das du dir zu Beginn deiner Reise setzt, ist nur der Anreiz zum Aufbruch, mehr nicht«, hatte der Direktor gesagt.

Er ging in die Knie und fing zögerlich an, rückwärtszuzählen, um sich auf den Sprung vorzubereiten: »Einhundert ... neunundneunzig ... achtundneunzig ...« Als er bei fünfzig angekommen war, gab er auf.

»Wenn du einen Schritt vorwärts machen willst, musst du für einen Augenblick das Gleichgewicht verlieren.«

Es war Noah. Er reichte ihm einen Kelch mit einer rosaroten Flüssigkeit. Misstrauisch schnupperte Tomàs. Es schien Wein zu sein, ein guter Wein. Ein Schluck genügte, und sein Zögern hatte ein Ende.

Wie ein Gusseisenblock stürzte er ins schlammige Wasser. Unvermittelt spürte er ein Brennen auf der Haut, als wären sämtliche seiner Poren Krater eines speienden Vulkans. Er beging den Fehler, sich zu kratzen, und prompt spritzte ihm die höllisch brennende Flüssigkeit ins Auge.

Sobald er die Augen wieder öffnen konnte, entdeckte er in den Mistelzweigen ein Schild.

Becken des Ich

Das Becken enthält die Substanz, in der du im Bauch deiner Mutter schwammst. Die Seele ist die Summe aller Körperflüssigkeiten. Sie gehört zum Menschen wie das Wasser zur Erde und der Pflanzensaft zur Pflanze.

Vorsicht: Da diese Flüssigkeit hochkonzentriert ist, können die durch sie hervorgerufenen Reaktionen sehr schnell ablaufen.

Er spürte, wie seine Achselhöhlen anschwollen. Als er sich hinzuschauen traute, erschrak er: Sie waren mit dicken, violetten Blasen bedeckt.

XX

Tomàs stand bis zur Taille im Becken des Ich, richtete den Blick zum milchkaffeebraunen Himmel hinauf und verfluchte ihn, weil überall auf seiner Haut Eiterbeulen aufplatzten.

»Wie innen, so außen«, ließ sich der Wasserheiler vernehmen.

»Dieser Dreck soll in meinen Eingeweiden sitzen?«

»Jeder Tempel ist ein Körper, jeder Körper ein Tempel. Beides muss gereinigt werden.«

»Ich, ein Tempel? Ich bin höchstens eine entweihte Kapelle.«

»Die Wahrheit kommt erst ans Licht, wenn wir ihr auf den Grund gehen.«

Noah schritt weiter zu den anderen Becken, und der Patient blieb in Gesellschaft eines Unbekannten zurück, der ihm weniger Respekt als Angst einflößte. Es handelte sich um ihn selbst.

Tomàs löste die Füße vom Boden und ließ sich treiben. Die Zehen ragten wie der Bug eines Schiffes aus dem Wasser, während er den Oberkörper so gerade wie möglich hielt, als wäre er die Landefläche eines Flugzeugträgers. Das schwappende Geräusch wurde von einem altbekannten Klang übertönt: die Innere Stimme war wieder da, klar und deutlich.

»Stell dir vor, du wärst tatsächlich ein Tempel. Ja, ein Tempel. Der Kopf ist der Altar, und die beiden Gehirnhälften sind die Leuchter, zwischen denen das Feuer des Geistes brennt, das nicht einmal der Tod auslöschen kann.«

»Die Leuchter meines Gehirns sind schon seit einiger Zeit erloschen.«

»Denk daran, was man dir über die Liebe gesagt hat. Ja, über die Liebe. Vom Kopf aus wandert sie das Hauptschiff hinunter, bis sie bei den Säulen der Beine anlangt. Dort wird sie zu Wasser. Zu Feuerwasser.«

»Mir ist das aus dem Kühlschrank lieber.«

»Das Feuerwasser ist die Hölle, in der du gerade treibst. Ja, sie ist der Ort, an dem flüchtige Liebschaften ihren Anfang und ihr Ende finden. Doch nach dem Abstieg in die Unterwelt kann das Feuer auch wieder aufsteigen: in den heiligsten Raum des Tempels, die Kammer des Herzens, wo das Feuer sich in Licht verwandelt. Dort wird es zur Agape, zur unsterblichen Liebe.«

»Und die Eiterbeulen stehen für die unsterbliche Liebe?«

Er musste an Arianna denken, weigerte sich jedoch, sie mit den Beulen in Verbindung zu bringen.

»Du hast mich schon verstanden«, sagte die Stimme. »Ohne jeden Zweifel. Die Demütigungen des Lebens haben die Kanäle verstopft, aber sie lassen sich reinigen – mit dem Nektar deiner Lenden.«

»Ich habe nicht die Absicht, einen weiteren Zaubertrank zu mir zu nehmen.«

»Im Becken des Ich trinkt jeder seine eigene Seele. Ja, seine Seele. Ein einziger Schluck, und du wirst gesund.«

»Unmöglich. Das Leben hier läuft viel zu schnell ab, um wahr zu sein.«

»Und wenn das nun das eigentliche Leben ist? Ja, das Leben. In den Thermen kann das Gesetz des Universums wirken, ohne von menschlichen Gedanken behindert zu werden.«

Tomàs öffnete erneut die Augen. Die Eiterbeulen breiteten sich mittlerweile auch an seinen Händen aus. Mit einem ergebenen Seufzer legte er die Handflächen zusammen und schöpfte etwas von dem Feuerwasser. Er kämpfte gegen seinen Abscheu an und führte die ekelerregende Brühe an die Lippen.

Die Essenz seiner Seele rann ihm durch die Kehle und hinterließ einen sauren Geschmack im Mund. Das Jucken und Brennen breitete sich im ganzen Körper aus. Tomàs hatte den Eindruck, als hüllte jemand seinen Kopf in milchigen Nebel. Sobald der Eindruck von Weiß sich verflüchtigt hatte, erblickte er fünf Dolche vor sich. Ihre Spitzen zeigten nach oben und versperrten ihm den Weg.

»Die Wahrheit kommt erst ans Licht, wenn wir ihr auf den Grund gehen«, hatte Noah verkündet.

Also tauchte er den Kopf ins Becken. Sofort überfluteten ihn Bilder aus seiner Vergangenheit. Auf dem Griff des ersten Dolches erschien das strenge Gesicht seines

Vaters. Es war der Tag des großen Finales im Basketballturnier seiner Schule. Der Regen machte Tomàs nervös, aber in Wirklichkeit war es die Idee, sich beweisen zu müssen, die ihm missfiel. Als er den ersten Korb geworfen hatte, drehte er sich beifallheischend zur Tribüne um, doch sein Vater war noch nicht da. Der Trainer rief ihm zu, er solle sich bewegen, was er als Zumutung empfand. »Sollen doch die anderen laufen, ich bin zum Körbewerfen da.« Der Trainer nahm ihn heraus und ersetzte ihn durch irgendeinen Tölpel, der allerdings unermüdlich hin und her rannte. Tomàs weigerte sich, vom Feld zu gehen, bis man ihn gewaltsam wegdrängte. Als er in die Umkleideräume ging und alles umtrat, was ihm vor die Füße kam, warf er nochmals einen Blick auf die Tribüne. Jetzt war sein Vater natürlich da, in der ersten Reihe, und seine gerunzelten Brauen verhießen nichts Gutes.

Tomàs kniff die Augen zusammen, weil die Erinnerung ihn schmerzte. Dabei berührte er mit dem Mund den Griff des zweiten Dolches, und schon spürte er einen vertrauten Geschmack auf der Zunge, den seines eigenen Blutes. Als Kind war er zur Blutentnahme im Krankenhaus gewesen, und eine als Ärztin verkleidete Hexe hatte ihn in den Finger gestochen. Da sie wohl fürchtete, nicht genug von dem kostbaren Nektar aus ihm herausgesaugt zu haben, stach sie ein zweites Mal in die Fingerkuppe. Tomàs steckte den Finger in den Mund und fiel in Ohnmacht. Beim Aufwachen hörte er, wie sich die Hexe zusammen mit den Krankenschwestern über ihn lustig machte. Am liebsten hätte er sie mit einer der großen Spritzen erstochen, doch weil er sich schämte, lief er einfach davon.

Sein Mund füllte sich mit Salz. Der Griff des dritten Dolches ließ ihn den Geruch seines Banknachbarn in der Schule wahrnehmen. In der Klasse hieß er nur Autan, weil er nach Insektiziden roch, als würde er sich diese schon zum Frühstück aufs Butterbrot schmieren. In Wirklichkeit waren es Medikamente, die den Körpergeruch verursachten. Autan sprach wenig und verzog das Gesicht zu merkwürdigen Fratzen, daher hielten ihn alle für verrückt. Alle, bis auf Tomàs. Ihm kam Autan immer frei vor. Eines Morgens fragte ihn der hinterhältigste Lehrer der Schule ab, doch Autan wollten die Worte nicht so recht gelingen. »Du bist ein Esel«, schimpfte der Lehrer. »Los, ich will dich iah schreien hören.« Der Junge sagte kein Wort und senkte den Blick zu Boden. Doch der Sadist ließ ihn nicht in Ruhe: »Ich habe dir doch befohlen, iah zu schreien! I-aah! I-aah!« Die ganze Klasse brach in helles Gelächter aus, auch Tomàs. Als Autan ihn allerdings ansah, musste er niesen.

Tomàs' Nase war plötzlich verstopft, was jedoch sein Gehör schärfte. So vernahm er das Rauschen vieler Stimmen, die dem vierten Dolch zu entströmen schienen, schrille Stimmen, die in einem fort murmelten: »Ach, das arme Kind.« Nachdem er seine Familie verloren hatte, hatte er bei den Müttern seiner Schulkameraden nicht Mitleid, sondern Zuneigung gesucht. Man schenkte ihm jedoch bestenfalls eine halbherzige Liebe, war das Herz dieser Frauen doch längst besetzt. Er idealisierte die Elternhäuser der anderen, aber wenn er versuchte, sich in einem warmen Eckchen dort einzurichten, speiste man ihn mit oberflächlichen Mitleidsbezeugungen ab.

Peinlich berührt hörte er weg. Jetzt blieben ihm nur noch die Hände. Er spürte, wie sie die Klinge des fünften Dolches ergriffen. Wie ein samtiger Pfirsich fühlte sie sich an, und sofort fiel Tomàs das Mädchen ein, dessen Hals er gestreichelt hatte, als er als Heranwachsender Ferien am Strand gemacht hatte. Drei Sommer lang hatte er um sie geworben, ohne es selbst zu merken. Nur das Mädchen wusste Bescheid. Sie hatte einen Verlobten, mit dem sie fast schon verheiratet war, aber eines Abends hatten sie gestritten, und das Mädchen flüchtete an den Strand und direkt in Tomàs' Schlafsack. Ihre Zärtlichkeiten wurden schon allein dadurch erschwert, dass Tomàs noch seine Zahnspange trug. Gegen Morgen schlief er ein, die Hände immer noch am Pfirsichhals des Mädchens. Als er jedoch erwachte, fassten sie ins Leere. Später sah Tomàs, wie sie sich mit ihrem Freund am Strand versöhnte, und er kam sich vor wie ein schlechtes Bonbon: angelutscht und ausgespuckt.

Als er wieder aus dem Wasser auftauchte, kehrten auch seine Sinneswahrnehmungen zurück. Die fünf Dolche allerdings reckten ihre spitzen Klingen immer noch herausfordernd gen Himmel. Er versuchte, an ihnen vorbeizukommen, doch wohin er sich auch begab, die Dolche wanderten mit, angezogen von einem Magneten in seinem Herzen.

»Man kann seine Erinnerungen nicht ausradieren. Doch es gibt etwas, mit dem man sie vom Schmerz befreien kann.«

Noah war wieder da. Er hielt ihm einen weißlichen Würfel hin.

»Was soll das denn sein?«, fragte Tomàs, als er das Ding in seiner Handfläche wog.

»Das ist die Seife der Vergebung.«

XXI

Er rieb mit der Seife über die Klinge des ersten Dolches, doch die bekam nicht einmal einen Kratzer.

»Wer sich selbst nicht verziehen hat, kann auch anderen nicht verzeihen«, verkündete der Wasserheiler.

Tomàs versuchte, sich das Gesicht einzuseifen. Die Seife roch nach Bittermandeln.

»Aber sie schäumt ja gar nicht«, sagte er.

Noah berührte eine seiner Rippen, unterhalb des Solarplexus, etwa auf Höhe der Milz.

»Hier werden unsere Erinnerungen gespeichert. Hier entstehen Zorn, Neid und die anderen negativen Impulse, die wir ausstrahlen.«

»Sie schäumt immer noch nicht«, protestierte Tomàs, nachdem er auch die Rippe einzuseifen versucht hatte.

»Wenn die Seife so ausgetrocknet ist, kann sie nur durch eine wahre Geschichte angefeuchtet werden.«

Bei Noahs Worten begannen die Spitzen der Dolche zu leuchten, und aus dem Wasser stieg ein Chor feierlicher Stimmen auf.

»Ein Mädchen aus Texas – ihr Name war Cheryl – traf eines Winterabends eine Reihe falscher Entscheidungen.«

Tomàs glaubte seinen Ohren nicht zu trauen: Aus dem Chor klang deutlich die sonore Stimme seines Vaters hervor. Er konnte förmlich sehen, wie seine knotigen Finger mitzählten.

»Erste Entscheidung: Sie setzte sich ans Steuer, obwohl sie zu viel Alkohol getrunken und Marihuana geraucht hatte. Zweite Entscheidung: Sie wich zu spät aus und überfuhr einen Obdachlosen. Dritte Entscheidung: Sie hielt nicht an, um ihm zu helfen, und der Mann verblutete.«

»Man verurteilte sie zu fünfzig Jahren Gefängnis. Trotzdem protestierten die Angehörigen des Opfers bei der Urteilsverkündung«, berichtete die Stimme der Ärztin, die ihn zwei Mal in den Finger gestochen hatte. »Sie hatten die Todesstrafe gefordert.«

»Zwei Jahre später wurden Cheryls Fehler zur Grundlage einiger richtiger Entscheidungen«, schaltete sich Autan ein und legte eine ungewohnte Beredsamkeit an den Tag. »Es begann mit einem jungen Mann namens Brandon, der um ein Treffen mit der Schuldigen bat. Er war der Sohn des Obdachlosen und wollte ihr vergeben. Es habe eine Weile gedauert, sagte er zu ihr, aber jetzt sei er bereit dazu.«

»Die Geschichte machte im Gefängnis die Runde«, fuhren die Mütter fort, die Tomàs ein armes Kind genannt hatten. »Jemand brachte in Erfahrung, dass der Sohn des Obdachlosen gerne studiert hätte, sich das aber nicht leisten konnte.«

»Die letzte Entscheidung in dieser Geschichte wurde von den zum Tode Verurteilten Amerikas getroffen«, erklang die Stimme des Mädchens mit dem Pfirsichhals. »Sie veranstalteten eine Kollekte und sammelten zehntausend Dollar, sodass Brandon auf die Universität gehen konnte.«

Sobald die Dolche schwiegen, begann die Seife zu schäumen. Tomàs seifte sich die Rippe ein, unter der seine Erinnerungen saßen.

Als er die Bereitschaft zu vergeben fühlte, trug er den Schaum auf die erste Klinge auf und hatte wieder das strenge Gesicht seines Vaters bei dem Basketballspiel vor Augen. Sein Vater verurteilte ihn nicht, weil er vom Platz gestellt worden war, sondern machte sich vielmehr Sorgen, dass die anderen schlecht von seinem Sohn denken könnten.

Er wandte sich der zweiten Klinge zu. Der Geschmack seines Blutes verschwand, und die Hexe, die ihn ausgelacht hatte, war einfach nur eine mittelmäßige Ärztin. Ihre Verbitterung hatte nicht mehr die Macht, ihn zu verletzen.

Als er die dritte Klinge einseifte, hatte er wieder Autans Körpergeruch in der Nase. Er bat ihn um Verzeihung, weil er mit den Schulkameraden mitgelacht hatte. Der Freund antwortete nicht, aber nun flüsterte er ihm, und nur ihm, ein leises »I-aah« ins Ohr.

Als er den vierten Dolch reinigte, hörte er wieder die Stimmen der Mütter, die ihm das Gefühl gegeben hatten, ausgeschlossen zu sein. Sie redeten über Schulden und fällige Raten. Ihre Angst vor der Zukunft war so groß, dass Tomàs fast die ganze Seife brauchte, um sie abzuwaschen.

Nur unter seinen Fingernägeln war noch ein Rest hängen geblieben, mit dem er nun die fünfte Klinge säuberte. Er fühlte wieder die Pfirsichhaut des Mädchens, das in jenem Sommer seine Liebe benutzt hatte, um sich an ihrem Freund zu rächen. Der Schmerz ließ nach.

Gleichzeitig schnellten die fünf Klingen in ihr Heft zurück und versanken in der sumpfigen Flüssigkeit.

»Diese Erinnerungen werden dir für immer im Gedächtnis bleiben, doch die Seife hat ihnen den Schmerz genommen«, erklärte die Innere Stimme. »Ja, die Seife. Sie hat dir die Szenen aus einem anderen Blickwinkel gezeigt, damit du dich nicht länger als Opfer siehst. Schuldgefühle und verdrängte traumatische Erlebnisse sind der Grund dafür, warum ein Mensch sich nicht annehmen kann. Wer sich aber nicht annimmt, kann sich auch nicht lieben. Und wer sich nicht liebt, kann sich nicht verändern. Nun, da du ihn mit der Seife der Vergebung gereinigt hast, kannst du auf deinem Weg zur Kammer des Herzens fortschreiten.«

Wie ein Astronaut im Weltraum bewegte sich Tomàs auf den Knick des L-förmigen Beckens zu. Die Beulen schmerzten zwar noch, doch die innere Glut war zum Prasseln eines Kaminfeuers geworden.

Er verspürte das Hochgefühl von jemandem, der soeben eine wichtige Prüfung bestanden hat. Was er allerdings hinter dem Knick zu sehen bekam, stellte seine frisch gewonnene Sicherheit gleich wieder auf die Probe.

XXII

Im Becken tummelten sich zahllose Menschen und schubsten sich unter Geschrei und Gespritze hin und her. Und jeder von ihnen war er selbst.

Er erkannte den kleinen Tomàs, der auf einer Maiwiese Fußball spielte und darauf achtete, keine Blumen zu zertreten. Daneben sah er den jugendlichen Tomàs, der jemand anders sein wollte, auch wenn er nicht genau wusste, wer – Hauptsache, er wurde nicht der Tomàs, der zu werden er fürchtete.

Dann war da der neugierige Tomàs, der es gar nicht erwarten konnte, die Welt zu entdecken, und der deprimierte Tomàs, der sich vor ihr versteckte. Tomàs, der Hasenfuß, der den anderen vorwarf, ihn nicht zu mögen, und Tomàs Löwenherz, der am Rande des Abgrunds wandelte, ohne je abzustürzen. Da war der todesmutige Tomàs, der im Geheimen seine Träume verfolgte, und der jammerselige Tomàs, der eiligst vor der Liebe davonlief.

Schließlich war da noch der Tomàs mit der dunklen Haut und dem engelgleichen Antlitz, der romantische Gedichte schrieb und Projekte in der Dritten Welt finanzierte, dieses idealisierte Bild seiner selbst, mit dem er sich im Internet präsentierte und seine virtuellen Freundschaften pflegte, um die mageren Böden seiner sozialen Beziehungen zu düngen.

Jenseits des Pulks schwamm eine Schlange mit sanftem Blick, deren Schuppen in den Farben des Regenbogens glitzerten. Sie bewegte sich auf die Badenden zu, um sie, einen nach dem anderen, sachte ins Maul zu nehmen und zu verschlingen. Zuerst den Jungen und den Teenager, dann Hasenfuß und Löwenherz, dann den Träumer und den Liebesflüchtling. Am Ende kam das imaginäre Bild aus dem Internet an die Reihe. Nach jeder Mahlzeit wurde die Schlange dicker und ihr Blick noch sanfter.

Der neugeborene Tomàs sah dem Massaker zu, ohne auch nur einen Finger zu rühren, als würde ihn das Ganze nichts angehen. Der Blick der Schlange hatte ihm jedes Reaktionsvermögen genommen. Als sie auf ihn zuglitt, ließ er es geschehen, dass sie sich um seine Lenden wand, bis Zunge und Schwanz einander berührten. Damit war der Kreis geschlossen. Als er sich mit der Vorstellung abgefunden hatte, dass sie ihn gleich verschlingen würde, sah er, dass sie stattdessen mit ihm verschmolz, bis sie ganz in ihm aufgegangen war.

»*E pluribus unum*«, ertönte Noahs Stimme hinter ihm. »Aus der Vielheit zur Einheit.« Der Wasserheiler sah ihn mit funkelnden Augen an.

»Ich kann Latein«, versetzte Tomàs. Allmählich erwachte er aus seiner Starre und stellte fest, dass er ebenso viel Angst wie Energie verspürte.

»Jedes Ich besteht aus einer ganzen Armee von Ichs«, fuhr Noah fort. »Daher verliebt und entliebt der Mensch sich in einem fort. Erst wenn er mit sich im Reinen ist, kann er wirklich lieben.«

»Habe ich zufällig gerade eine Schlange verschluckt?«

»Sie hat sich in dir zusammengerollt und schläft. Du musst sie aus einem langen Schlaf erwecken, wenn du die dreiunddreißig Stufen überwinden willst, die in den Himmel führen.«

»Dreiunddreißig Stufen ohne Aufzug? Ohne mich. Und wo schläft das liebe Tierchen angeblich?«

»Am unteren Rücken spürst du das Ende der Wirbelsäule.«

»Das Kreuzbein.«

»An diesem Ort sitzt die schöpferische Energie. Sie liegt zusammengerollt am unteren Ende der Wirbelsäule und wartet darauf, dass sie durch die dreiunddreißig Wirbel aufsteigen kann.«

Misstrauisch tastete Tomàs nach dem Knochen. Dabei fand er in den Falten seines Bademantels eine neue Karte, auf der stand:

… der Weg ist frei …

Er dachte über den Satz nach. Die Pünktchen waren die typisch weibliche Art, einen Gedanken über sich hinauswachsen zu lassen, statt ihn ins Gefängnis eines Schlusspunkts zu sperren. Aber welche Frau hätte ihm hier wohl schreiben wollen? Ließ man Schneewittchen außen vor, konnte es eigentlich nur Arianna gewesen sein.

… der Weg ist frei …

Er sah seine Hände an: Die Beulen auf dem Handrücken waren verschwunden, ebenso die am Rest des Körpers. Tomàs ließ sich auf dem Wasser treiben, um sich ein bisschen auszuruhen, doch die Strömung zog ihn mit zu einer Grotte, die von Fackeln erhellt wurde. Alle Becken des Ich flossen dort in einer rechteckigen Grube zusammen.

Er vermeinte Staub zu erkennen, dessen Kopf, von einer Gazehaube bedeckt, auf dem trüben Wasser tanzte. Neben ihm trieb Morena, reglos und steif wie ein Baumstamm.

»Sie ist tot!«, rief der Mann mit der Sonnenbrille. »Die Glückliche.«

Das Becken des Wir

Wo man alleine dahintreibt, aber nur zu zweit weiterkommt: Tomàs versucht, andere (und sich selbst) vor dem Schatten der Liebe zu retten.

XXIII

In Notsituationen entdeckte Tomàs den Mann der Tat in sich. Sofort schwamm er zu Morena hinüber und zog ihr die Augenlider hoch, um zu sehen, ob noch Leben in ihr war. Nicht ein winziger Funken war auszumachen. Dann packte er sie unter den Achseln und schüttelte sie, doch er fühlte nur ein Gefühl der Ohnmacht in sich aufsteigen.

»Sie ist tot, ich hab's dir doch gesagt. Nur der Tod ist verlässlich ... verlass dich auf mich«, grinste Staub, der immer noch in der roten Brühe herumschwamm.

»Was hast du mit ihr gemacht?«

»Ich? Nichts.«

Er wies Tomàs auf ein Schild hin, das über der Grotte hing.

Becken des Wir

Enthält die Flüssigkeiten aller Gäste der Therme. Wer allein schwimmt, kann sich über Wasser halten, kommt aber nicht vorwärts. Wer sich fortbewegen möchte, muss sich mit einem Gleichgesinnten zusammentun und das Risiko eingehen zu ertrinken.

Zwei können eins werden, wenn sie den rechten Schwung finden.

»Dann hast du sie also unter Wasser gezogen«, stellte Tomàs fest.

Die Vorstellung, wie sich Morena und Staub in der Brühe ihrer Seelen aneinanderklammerten, versetzte Tomàs einen Stich.

»Ich oder ein anderer, was macht das schon für einen Unterschied?«

Tomàs kommentierte das gar nicht, sondern schob eine Hand in Morenas Haar. Ihre Kopfhaut schien zu glühen.

»Ein Sonnenstich in einer Grotte! Wie ist das denn möglich?«

»Noah zufolge liegt das an der männlichen Hälfte des Hirns«, feixte Staub.

»Meiner Ansicht nach ist eher ein Mann ohne Hirn dafür verantwortlich, nämlich du.«

»Er würde dir jetzt antworten, dass die Gesetze des Universums nicht mit Logik zu begreifen sind.«

»Sogar mein Männerhirn begreift, dass das Universum nur das Schauspiel des Unlogischen ist.«

»Sicher, aber Noah meint, dass jeder, der sich die Liebe zu eigen machen wolle, ob Mann oder Frau, zuerst seine weibliche Gehirnhälfte aktivieren müsse.«

»Drück dich klarer aus. Vielleicht können wir sie ja noch retten.«

»Vor wem? Entspann dich. Deiner Freundin geht es viel besser als uns. Wenn Männer wie du nicht immer alle retten wollten, gäbe es weniger Tragödien auf der Welt.«

»Du denkst also, du bist besser als andere?«

»Quatsch. Ich bin nur weiter als andere.«

Das sagte er in einem so unverschämten Ton, dass Tomàs nicht anders konnte und ihm mit der Faust mitten ins Gesicht schlagen wollte. Leider traf er daneben und spürte plötzlich ein Brennen an der Wange, als hätte er sich selbst erwischt. Er betrachtete sein Gesicht in der Wasseroberfläche, wo es nun wie das von Staub aussah, nur dass sein Unterkiefer ein bisschen geschwollen war.

»Wer im anderen den Feind sieht, sieht nur das Zerrbild seiner selbst«, ließ sich eine bekannte Stimme vernehmen.

Tomàs hob den Kopf und blickte direkt in Noahs funkelnde Augen. Der Alte hatte sich am Rand des Beckens zusammengekauert und betrachtete Morenas leblosen Körper.

»Ich bitte diesen Mann um Verzeihung, aber tu mir bitte einen Gefallen und rette sie.«

»Der eigentliche Gefallen bestünde darin, dass ich dich das tun lasse«, antwortete der Wasserheiler.

»Ich fürchte, ich gehöre der Gewerkschaft der Märchenprinzen nicht an.«

»Du musst lernen, deine weibliche Gehirnhälfte einzusetzen. Die rechte. Jenen Teil deines Gehirns, in dem seit deiner Kindheit Intuition und Kreativität verkümmern.«

»Was habe ich gesagt?«, maulte Staub und kratzte sich an der Gazehaube auf seinem Kopf.

»Wozu soll das Ding da überhaupt gut sein?«, fragte Tomàs.

»Zu gar nichts«, antwortete der Mann mit der Sonnenbrille.

»Zu allem«, korrigierte ihn Noah. »Die Haube schützt den Schädel vor den Neurosen der männlichen Gehirnhälfte. Der linken.«

»Und warum trägt Morena dann keine Haube?«

»Sie wäre in einem anderen Zustand, wenn sie sie nicht verloren hätte.«

Tomàs begann allmählich zu begreifen. Mit aller Sanftmut, deren er angesichts der Umstände fähig war, wandte er sich an Staub.

»Könntest du dich vielleicht zusammenreißen und mir zu erzählen versuchen, was hier drin mit eurem Gehirn passiert ist?«

XXIV

Staub erzählte, wie die Strömung ihn aus dem Becken des Ich herausgezogen und in das Becken des Wir getrieben hatte. Dort war er mit Morena zusammengestoßen. Die Blondine hatte heftig mit den Beinen gezappelt, ohne auch nur einen Zentimeter voranzukommen.

»Ich brauche dich, um vorwärtszukommen«, rief sie ihm zu. Zunächst tat er, als hätte er nichts gehört, aber irgendetwas unter Wasser trieb ihn auf Morena zu, als wären sie durch ein unsichtbares Band miteinander verknüpft. So fingen sie an, gemeinsam zu schwimmen. Sie hatten schon die halbe Grotte hinter sich, als Staub sich plötzlich inmitten eines Albtraums wiederfand.

Er war wieder in der Hütte am Strand, wo die Dame mit den Schuhen in der Hand auf ihn wartete. Die Krankheit hatte ihr zugesetzt, und sie schien dem Ende nah. Er akzeptierte, dass sie bei ihm blieb: nicht aus Liebe, ja nicht einmal aus Mitleid, sondern einzig und allein, weil er sich von ausweglosen Erfahrungen unwiderstehlich angezogen fühlte.

Die Dame versuchte, sich selbst zu vergessen, und überschüttete ihn mit Aufmerksamkeiten und zärtlichen Worten. Staub schaute ihr zerstreut zu. Frauen mögen schweigsame Männer. Sie glauben, dass sie ihnen zuhören. Staub aber begehrte sie nicht. Die einzigen Frauen, die ein Mann wirklich begehrt, dachte er, sind jene, die sich ihm entziehen. Oder jene, die ihm, wenn er sich auf eine Beziehung einlässt, das Gefühl geben, es sei nur auf Zeit.

An einem bestimmten Punkt dieses Albtraums gab er dann allerdings nach. Nicht dass er angefangen hätte, die Frau zu lieben, aber er hatte es einfach satt, seine Schwächen und dunklen Punkte zu verstecken. Er öffnete ihr sein Herz, doch sie machte sich nur darüber lustig. Wenn man versucht, so zu werden, wie die Frauen einen wünschen, wollen sie einen nicht mehr.

Die Frau hatte sich gar nicht in ihn verliebt, sondern in das Bild des harten Mannes, das er den anderen gewöhnlich zeigte. Als sie hinter der glänzenden Fassade die Sorgen eines gewöhnlichen Wesens entdeckte, war der Zauber gebrochen. Sie zog ihre Schuhe an, und weg war sie.

»Und woher hast du diese masochistische Fortsetzung?«, wollte Tomàs wissen.

»Er ist dem Schatten seiner Liebe begegnet«, erklärte Noah. »Jeder hat einen solchen. Wenn ihr allein seid, schweigt der Schatten und lässt die Stimme des Begehrens und des Bedauerns reden. Sobald ihr euch aber mit einem anderen Menschen zusammentut, erwacht er und schlüpft in das Gewand eurer Ängste.«

»Ich möchte wetten, dass er in der männlichen Gehirnhälfte sitzt, wo die Neurose ihre Gespenster produziert«, sagte Tomàs.

»Du bist ja noch verrückter als der da«, schimpfte Staub.

»Ach, wirklich? Denk doch mal über deinen Traum nach und darüber, was er uns sagt. Dass die einzige Liebe, bei der du dich lebendig fühlst, die ist, die dich leiden lässt. Dass die Menschen sich nach Aufrichtigkeit sehnen, es dann aber doch vorziehen, mit der Lüge zu leben. Dass die wahre Liebe nicht existieren kann, weil sonst der Tod nicht existierte. Sind das nicht letztlich deine Ängste?«

»Das sind meine Gewissheiten.«

»Und was ist passiert, als du aus deinem Albtraum erwacht bist?«

»Ich bin mit glühendem Schädel in der Grotte herumgeschwommen.«

»Und Morena?«

»Sie hatte die Haube verloren und trieb steif auf dem Wasser.«

»Und was hast du gemacht?«

»Nichts. Schließlich soll man sich dem Lauf der Natur nicht widersetzen. In einem Leben ohne Sinn ist Untätigkeit die einzig sinnvolle Tätigkeit.«

Tomàs ballte die Fäuste, riss sich aber diesmal zusammen. Staub war einer jener Menschen, die keinerlei Energie ausstrahlten. Wenn man mit ihm redete, fühlte man sich hinterher immer leer.

»Du willst von anderen geliebt werden, liebst dich aber selbst nicht«, rügte ihn der Wasserheiler.

»Ich will von niemandem etwas«, antwortete Staub. »Außerdem kenne ich einen Haufen Idioten, die sich selbst lieben. Sie stehen den ganzen Tag vor dem Spiegel und flüstern sich Komplimente zu. Darauf kann ich verzichten.«

»Wenn du lernen würdest, die Schönheit um dich herum zu erkennen, würdest du sie am Ende auch in dir selbst sehen.«

»Was ich sehe, sind künftige Kadaver – ob nun außen oder innen.«

»Wer sich nicht mag, zieht nur Gedanken an, die dazu führen, dass er sich noch schlechter fühlt. Wer sich aber aus den falschen Gründen mag, zieht nur Menschen an, die ihn aus den falschen Gründen lieben. Das ist das Gesetz der Liebe, das keine Ausnahme kennt. Da du es mit Füßen getreten hast, fängst du wieder von vorne an.«

Noah drehte an einer steinernen Kurbel. Die glatte Oberfläche des Wassers wurde von tausend Blasen aufgewühlt. Winzige Wassermühlen sorgten dafür, dass eine Strömung entstand, die zu den Becken des Ich zurückführte.

Staub ließ sich widerstandslos davontragen. Tomàs folgte ihm mit dem Blick, bis der Mann mit der Sonnenbrille im Halbdunkel verschwand. Er trug immer noch sein zynisches Lächeln im Gesicht.

»Werde ich ihn wiedersehen?«, fragte er Noah.

»Wenn er lernt, sich auf die richtige Weise zu lieben, wird er auch andere lieben lernen und Rettung finden.«

»Ich dachte, es sei egoistisch, sich selbst zu lieben.«

»Der Egoist liebt sich aus den falschen Gründen. Er liebt seinen Nächsten wie sich selbst, doch da er sich selbst nicht wirklich liebt, liebt er auch seine Nächsten nicht.«

Tomàs dachte über das scheinbare Paradox nach.

»Und ich? Könnte ich lernen, mich auf die rechte Weise zu lieben?«

Tomàs hatte die Frage so schüchtern gestellt, dass sie dem Wasserheiler eines seiner unwiderstehlichen kindlichen Lächeln entlockte.

»Erforsche deine positiven Seiten und lass sie in der Vorstellung immer größer werden. Dann wirf die Bürde der Schuldgefühle ab und ersetze sie durch Verantwortungsgefühl. So wirst du dich für das, was du bist, schätzen können, auch wenn du immer noch den Wunsch verspürst, dich zu ändern. Und deinen Nächsten wirst du ganz automatisch lieben lernen.«

Er strich sich über den Bart und wurde wieder nachdenklich. Dies war eine der längsten Antworten, die er je gegeben hatte.

»Der gute Sämann wässert stets das Erdreich«, fügte er hinzu und reichte Tomàs eine Gazehaube.

Mit einem Mal verstand Tomàs. Als Staub und Morena zusammen die Grotte durchquert hatten, hatte sich Morena mit seinen düsteren Gedanken angesteckt und sich nicht für die weibliche Gehirnhälfte öffnen können. Die Seele der Frau war verdorrt und ihre Haube ins Wasser gefallen. Morena würde überleben, wenn jemand ihr wieder eine Haube aufsetzte.

Genau das tat Tomàs, doch nichts geschah. Er beugte sich über ihr Gesicht. Ihre Lippen waren trocken.

Also küsste er sie.

XXV

Es war ein blitzschneller, leichter Kuss, fast chirurgisch präzise. Morena öffnete die Augen und verpasste ihm eine Ohrfeige.

»Entschuldige«, sagte sie, nachdem sie ihn erkannt hatte. »Ich habe wohl geträumt.«

»Nein, du hast mir wirklich eine geknallt.«

Sie war lebendig, lebendiger als je zuvor. Und er hatte sie geküsst, ohne zu niesen.

»Ich habe einen schrecklichen Mann gesehen, Tomàs!«

»Ja, du bist sogar mit ihm baden gegangen.«

»Staub? Ach nein, der ist nicht schrecklich. Nur ein wenig abgedriftet. Außerdem hatte ich ja keine Wahl. Wo warst du eigentlich, als ich dich gebraucht hätte?«

»Ich habe mit fünf Dolchen und einer Schlange gespielt.«

»Das musst du mir erzählen«, quietschte Morena, aber Tomàs kannte sie mittlerweile. Ihr liebstes Gesprächsthema war verlässlich sie selbst.

Und so erzählte sie, wie sie ein paar Meter mit Staub geschwommen war, bevor sie sich mitten in einem Albtraum wiedergefunden hatte. Der Albtraum von Männern auf der Flucht.

An diesem Punkt lief Tomàs ein Schauder über den Rücken.

»In diesem Traum war ich zwar ich, aber nicht so, wie ich sonst bin«, plapperte Morena. »Ich war jünger, hatte kurzes Haar und war noch nicht berühmt … Doch der Typ, mit dem ich schon seit Ewigkeiten zusammen bin und dann wieder nicht, der Regisseur, der ist wirklich er selbst.«

»Mokò?«

»Derselbe Knitterlook, dieselbe Raucherstimme, dieselbe Alkoholfahne. In meinem Traum ist er allerdings nicht Regisseur, sondern Steuerberater.«

»Mokò?«

»Im Traum lerne ich ihn bei der Einweihung eines Kulturzentrums kennen, das neben einer Massagepraxis liegt. Vermutlich hat er sich im Eingang geirrt. Von da an ruft er mich ständig an und lädt all seine Probleme bei mir ab. ›Ich komme mir blöd vor‹, ist sein Standardspruch … Habt ihr Männer nicht immer die Helden markiert, wenigstens solange ihr hinter einer Frau her wart? Irgendwann bittet er mich, mit ihm auszugehen, und hofft inständig, dass ich die Einladung annehme. Samstagabend um acht, sagt er. Samstagabend um sieben, als ich gerade im Bad bin, ruft er an und sagt, dass es ihm nicht so gut gehe, und ob wir uns nicht ein andermal treffen könnten, er würde sich melden. Und all sein inständiges Hoffen? Futsch.«

Morena fuhr sich mit dem Handrücken über die herzförmigen Lippen, und wütende Verachtung blitzte aus ihren Augen.

»So etwas habe ich nie gemacht!«, nuschelte Tomàs und hielt sich mit der Hand am Beckenrand fest, um nicht unterzugehen. Seine Wangen überzog ein sanfter roter Schimmer.

»Und damit ist der Albtraum noch nicht zu Ende. Denn er taucht von neuem auf!«

»Mokò?«

»Dieses Mal als junger Maler, schön wie die Sonne. Er lädt mich zum Abendessen ein und kommt auch tatsächlich. Er isst, ohne sich den Pullover zu bekleckern, und zahlt am Ende die Rechnung. Ein Prachtexemplar von einem Mann. Er ist mit einer guten Freundin von mir befreundet, die ihn mir vorgestellt und mir dringend geraten hat, ihn näher kennenzulernen. Die beiden sind so gut befreundet, dass wir auf der Heimfahrt im Auto sitzen bleiben und über sie reden. Er gesteht mir, dass er seit Monaten ihr Geliebter ist. Offensichtlich hatte sie in ihrer Zerstreutheit vergessen, es mir gegenüber zu erwähnen. Möglicherweise hat sie auch – da sie ja schon einen Freund hat, den sie demnächst heiraten wird – gehofft, dass ich das Problem für sie löse. Ohne Gemetzel sozusagen. Ich frage den Maler, ob sie ihn zur Hochzeit eingeladen hat, aber von einer Hochzeit weiß er nichts, und so lässt er seinen Zorn nun an mir aus. Natürlich höre ich nie wieder etwas von ihm! Und von der Freundin hoffentlich auch nicht.«

Morena griff im Wasser nach ihren Füßen und nahm eine Haltung ein, die so sehr nach Yoga aussah, dass Tomàs automatisch ein Ziehen im Ischiasnerv verspürte.

»Und dann taucht noch eine Inkarnation von Mokò auf, die beste überhaupt. Dieses Mal hat er sogar Sinn für Humor …«

»Nein, bitte kein Sinn für Humor!«, unterbrach Tomàs sie. »Ich kann's nicht mehr hören. Da tun sich die schönen Frauen mit irgendwelchen stark behaarten Nabobs zusammen, nur um dann zu erklären, dass sie an einem Mann vor allem seinen Sinn für Humor zu schätzen wüssten. Komischerweise findet der sich nie bei armen Schluckern.«

»Und was denkst du über Männer, die es als ihr größtes Manko betrachten, zu ernst zu sein?«

»Dass sie Sinn für Humor haben.«

Morena brachte ihr Gesäß in Lotusposition und fuhr sich ständig durch die Haare. Sie sprach flüsternd, fast abgehackt, als schlichen sich die Worte durch die Hintertür wieder herein, kaum dass ihre Lippen sie ins Freie entlassen hatten.

»Na gut. Ich sage also nur so viel, dass er in dieser Neuauflage des alten Albtraums ein wirklich netter Junge ist. Die Sorte, bei der einem die Knie zittern und Schmetterlinge im Bauch herumtanzen. Ein Zahnarzt.«

»Mokò?«

»Mit weißem Kittel und Mundschutz. Schon beim ersten Termin in seiner Praxis schickt er die Helferin fort, und wir bleiben allein: ich mit offenem Mund und er über mich gebeugt, während er eingehend meine Backenzähne betrachtet. Er hat einen ungeheuer erotischen Blick … Bezahlen muss ich nicht, was bei einem Zahnarzt schon was heißen will. Beim nächsten Mal wartet er, bis ich den Sauger im Mund habe und nicht sprechen kann, dann flüstert er mir unmissverständliche Worte zu: Heute Abend beißen Sie bitte nur auf der linken Seite, dann kommen Sie zur Kontrolle wieder. Wenn die Füllung passt, müssen wir das feiern. Ich mache exzellente Spaghetti mit Schwertfisch … Am nächsten Morgen rufe ich an, um ihm mitzuteilen, dass es meiner Füllung bestens geht und sie zu allen Schandtaten bereit ist. Aber die Zahnarzthelferin, ein fürchterliche Kuh, eröffnet mir, dass der Doktor ans Meer gefahren sei. Vermutlich fängt er den Schwertfisch, denke ich. Abends schickt er mir eine SMS: Wenn du nur die Sterne hier sehen könntest … Da würde ich doch sagen: Wenn ein Mann, ein Zahnarzt, sich in einer sternklaren Nacht an dich erinnert, kann man doch wohl davon ausgehen, dass man ihm sympathisch ist, oder? Nur dass er sich nicht mehr meldet. Ich suche ihn also in der Praxis auf und finde statt seiner einen Zwerg, der mir fast einen gesunden Zahn ausreißt. Seine Vertretung. Die Zahnarzthelferin teilt mir zufrieden mit, dass der Herr Doktor auf einem Kongress im Ausland sei. Und natürlich sehe ich ihn nie wieder! War das eine Sternschnuppe, oder was?«

»Und an diesem Punkt hast du dann die Haube verloren?«, hakte Tomàs nach, weil er das Thema wechseln wollte.

»Ich spürte, wie mein Kopf zu glühen begann. Während er immer heißer wurde und ich auf den Tod wartete, schwor ich mir, dem ersten Mann, der mir unter die Augen käme, eine ordentliche Ohrfeige zu verpassen. Und als ich die Augen öffnete, warst du da.«

»Ich hatte wie immer ein gutes Timing.«

»Der unzuverlässige Mann ist ein Schatten, der mich immer schon verfolgt. Ich lerne nur Männer kennen, die Angst vor der Liebe haben, eine oberflächliche Affäre wollen oder sich von vornherein geschlagen geben.«

»Mit Staub schwimmen zu gehen war sicher keine gute Idee.«

»Das Gewässer hat meine schlimmsten Ängste wiedererweckt: von jemandem verlassen zu werden, der die Möglichkeit wahrer Liebe in greifbare Nähe gerückt hat. Doch nicht einmal im schlimmsten Alkoholdelirium hätte ich mir träumen lassen, dass mich mal jemand verlassen würde, mit dem ich noch gar nicht zusammen war …«

Tomàs gab sich die größte Mühe, sie zu beruhigen. Solche Männer gebe es wirklich nur in schlechten Träumen.

»Warum läuft jemand nur vor einem Menschen weg, der ihm gefällt?«

»Aus Angst, ihn zu verlieren?«

»Männer! Wir sollen unabhängig sein, aber kaum sind wir es, ergreift ihr die Flucht. Wir sollen unserer Lust freien Lauf lassen, aber wenn wir es tun, leidet ihr unter Leistungsdruck. Wir sollen euren Freunden gefallen, aber am Ende seid ihr eifersüchtig. Wir sollen mütterlich sein, aber wenn wir uns ein Kind wünschen, rennt ihr wie die Hasen. Ihr wollt eine Persönlichkeit, doch wenn ihr sie nicht im Griff habt, haltet ihr sie für kalt …«

»Während ihr natürlich nichts verlangt …«

»Das Einzige, was wir wollen, ist ein bisschen Sicherheit. Aber sogar dafür sind häufig wir zuständig … Nimm mich in den Arm, Tomàs«, seufzte sie. »Weißt du denn nicht, dass Frauen, wenn sie den Tränen nahe sind, sich wie ein kleines Mädchen fühlen?«

Er zog sie an seine Brust und ließ sie sich ausweinen. Nicht einmal in den Thermen der Seele, schluchzte Morena, könne sie Mokò vergessen. Sie verstehe einfach nicht, ob ihre Besessenheit von diesem Mann, der sicher nicht der Richtige für sie sei, nur in beleidigtem Stolz gründe oder ob sie vielmehr darauf hindeute, dass irgendetwas mit ihr nicht stimme.

»Wir sind alle viel zu kompliziert geworden«, sagte sie, als sie sich wieder beruhigt hatte.

»Vielleicht waren wir das ja immer schon.«

»Das stimmt nicht. In einem früheren Leben, irgendwann mitten im Mittelalter, war ich einmal mit einem Mann in wahrer Liebe verbunden. Selbst nach zehntausend Tagen voller Küsse und Waschmaschinenladungen haben wir uns noch geliebt.«

»Im Mittelalter gab es keine Waschmaschinen … und zehntausend Tage waren es vermutlich auch nicht. Zu jener Zeit war das ›für immer und ewig‹ deutlich kürzer als heute. Damals konnte man sich noch problemlos lebenslange Treue schwören, denn mit all den Kriegen und Epidemien war die Lebenserwartung kurz. Heute müsste man den Brautpaaren eher folgende Formel vorlesen: Willst du die nächsten paar Jahre diesen und nur diesen

Körper im Arm halten, bis dass die Langeweile euch scheidet?«

»Was redest du denn da? Früher war die Liebe etwas Absolutes. Da lebte man in einem Dorf ohne Fernseher und Computer. Mit zwölf Jahren kannte man ungefähr fünf Gleichaltrige des anderen Geschlechts. Davon suchte man sich einen aus, und das war dann der Mensch, mit dem man sein Leben verbrachte. Jede große Liebe braucht ein bisschen Idealisierung. Damals war das noch möglich, da hatte man keinen Vergleich. Wer aber heute zwölf ist, hat im Zimmer ein retuschiertes Poster von mir oder einem anderen Star hängen, und wenn er dann die Pickel der Banknachbarin sieht, fällt er lieber tot um, als sich zu verlieben.«

»Hör auf, den Blick immer nach hinten zu richten, du bekommst noch Nackenstarre. Auch damals hatte man die Nase bald voll. Die Ehen wurden nur aus Heuchelei aufrechterhalten, und über Affären breitete man den Schleier des Vergessens. Außerdem hatte man gar nicht die Möglichkeit, sich selbst einen Partner zu suchen, das besorgte schon die Familie. Heute besteht wenigstens die Freiheit der Wahl.«

»Ich will gar keine Freiheit. Ich will Regeln. Seit ich machen kann, was ich möchte, habe ich keine Träume mehr.«

»Wenn du mich fragst, hast du zu viel Liebesenergie im Leib. Anfangs verbrennt man eine ganze Menge davon, doch dann stellt sich die Gewohnheit ein, und man verbraucht weniger und muss den Überschuss irgendwie loswerden.«

Noah trat aus dem Halbdunkel und stellte sich an den Beckenrand. Ein Luftzug ließ seine Robe flattern, die wie jedes wahrhaft edle Stück ganz ohne Verzierungen auskam.

»Darf ich zu dieser Diskussion etwas beitragen? Wer von euch kann mir sagen, was das Gegenteil von Schönheit ist?«

XXVI

In seinen Jugendjahren war Tomàs davon überzeugt, dass das Gegenteil von Schönheit Hässlichkeit sei.

Natürlich war das kein origineller Gedanke, aber er interpretierte den Begriff »hässlich« auf eine ganz eigene Weise. So empfand er Romane und Filme als hässlich, wenn sie sich als Meisterwerk aufspielten, obwohl nicht das Geringste in ihnen passierte. Gedichte, die sich nicht reimten, fand er hässlich, weil es so schwer war, sie auswendig zu lernen. Hässlich war die Musik, die alle hörten, nur weil man dazu tanzen konnte, und hässlich waren auch die Mädchen, die seinem Vollkommenheitsideal nicht entsprachen. Ihm gefielen ein Pony, der die Stirn bedeckte, und zwei geschwungene Lippen, die sich zu einer verächtlichen Grimasse verzogen. Seine Kindheit hatte eine so große emotionale Leere in ihm hinterlassen, dass er nur für Mädchen empfänglich war, die diese Leere ganz gewiss nicht füllen würden und dies auch unumwunden zum Ausdruck brachten.

Wie alle Jugendlichen verabsolutierte er seine Meinung über die Schönheit. Schön war nur das, was ihm und seinen Freunden gefiel, alles andere war hässlich. In letzter Zeit aber hatte sich diese Vorstellung gewandelt.

Wie oft hatte er erlebt, dass die Menschen in seiner Umgebung sich über Anstand und Würde hinwegsetzten und einen solchen Stolz auf ihre Unwissenheit an den Tag legten, dass er davor noch größeren Abscheu empfand als vor der Unwissenheit selbst.

»Lange Zeit dachte ich, das Gegenteil von Schönheit sei Hässlichkeit«, antwortete Tomàs. »Jetzt glaube ich, dass es die Vulgarität ist.«

»Unsinn«, sagte Morena. »Ich kenne eine Menge vulgärer Menschen, die aber sehr vital sind.«

Unerwartet bekam Morena von Noah Unterstützung.

»Auch in Hässlichkeit oder Vulgarität kann Schönheit liegen, aber in etwas Leblosem wirst du sie nie finden. Das Gegenteil von Schönheit ist fehlende Leidenschaft.«

Morena strahlte.

»Mein blinder Lehrer sagte immer, jedes Kunstwerk verdanke seine Unsterblichkeit letztlich der Leidenschaft, aus der heraus es entstanden ist. Warum würde man sonst heute noch Verse in einer toten Sprache lesen, die *Odyssee* zum Beispiel?«

»Um Menschen wie mir einen Arbeitsplatz zu sichern?«, schlug Tomàs vor.

»Weil noch Leben darin steckt. In jedem Meisterwerk fließt eine Energie, die sogar der unbedarfteste Mensch wahrnimmt.«

»Ich garantiere dir eines: Wenn ein Kerl ein hübsches Gesicht hat, ordentlich Muskeln und viel Geld in der Tasche, wird er auch ohne Leidenschaft glücklich.«

»Da täuschst du dich, Tomàs. Was glaubst du, wie oft mir Männer vorgeworfen haben, dass ich sie nicht mag, weil sie eine schiefe Nase haben oder mich nicht in einem Sportwagen durch die Gegend kutschieren können? Damit hat das aber nichts zu tun. Was eine Frau an einem Mann schön findet, ist seine Vitalität: diese unnachahmliche Mischung aus Stolz, Sanftheit und Entschlossenheit, die euch so unendlich viel attraktiver macht als eine schöne Nase oder ein dickes Auto.«

»Aus diesem Grund verliebt ihr euch also in Schurken?«

»Wir verlieben uns in Männer, die Energie ausstrahlen, und davon haben Schurken nun einmal mehr als die Sensibelchen. Doch wenn ein sensibler Mann es schafft, sein Innerstes auszudrücken … dann genügt ein Funke, und alle Frauen liegen ihm zu Füßen.«

»Und wenn der sensible Mann das nicht schafft? Dann wird er zur Dauermitgliedschaft im Club der Besten Freunde verdonnert. Du bist ja so wunderbar, und ich mag dich ja so sehr, aber wir sollten einfach nur gute Freunde sein …«

»Bist du auch Mitglied dort?«

»Ich war ein äußerst schüchterner Junge. Ein bisschen bin ich das heute noch.«

»Das hört auf, sobald du deine Leidenschaft entdeckst«, prophezeite Noah.

»Ich habe schon begriffen, dass Leidenschaft das Heilmittel ist. Aber wie kann ich Leidenschaft entwickeln, wenn der Mangel daran mein Leiden ist?«

»Dieses Übel lässt sich nur heilen, wenn du aus dir herausgehst und dich auf die Schönheit der Außenwelt einlässt, auf die Natur, die Kunst, die Schönheit in den Menschen, die dir Tag für Tag begegnen«, antwortete der Wasserheiler und gab seinen beiden Patienten neue Hauben. Nun wurde es Zeit für die Prüfung.

Morena und Tomàs spürten, wie sich ein unsichtbares Band um ihre Knöchel schlang und sie auf Gedeih und Verderb aneinanderkettete. Ein paar Meter schwammen sie in vollkommenem Einklang nebeneinander her, doch als sie in der Mitte der Grotte angekommen waren, verloren sie beide das Bewusstsein. Nun begegnete Tomàs seinem Schatten der Liebe.

XXVII

Es war auf einem Fest im Hause von Freunden. Nachdem er dem Typ, der die Platten auflegte, etwas ins Ohr geflüstert hatte, nutzte Tomàs die Auszeit, die seine Schüchternheit sich genommen hatte, um eine blutjunge Arianna zum Tanzen aufzufordern. Er führte sie in die Mitte des Raums, doch gerade als er sie an sich drücken wollte, streckte sie ihre Arme aus und schlang sie einem anderen Tänzer um den Hals.

Tomàs erwachte aus seinem Albtraum mit dem Gefühl, in Flammen zu stehen. Vor allem im Kopf war die Glut unerträglich. Unter Wasser tastete er nach Morenas Bein, doch das unsichtbare Band hatte sich offensichtlich gelöst. Morena schaukelte auf der Wasseroberfläche in demselben Zustand der Selbstvergessenheit, in dem er sie bei seiner Ankunft in der Grotte vorgefunden hatte. Er streckte das Bein aus, um nach ihrem Knöchel zu angeln, und kaum berührten sich ihre Füße, stürzte er in seinen Albtraum zurück.

Er hörte Noahs Worte nachhallen: »Dieses Übel lässt sich nur heilen, wenn du aus dir herausgehst und dich auf die Schönheit der Außenwelt einlässt, auf die Natur, die Kunst, die Schönheit in den Menschen, die dir Tag für Tag begegnen.«

Die Natur kam in seinem Horrorfilm nicht vor, und bis auf Arianna waren auch die Menschen falsch. Ein Kunstwerk allerdings gab es. Eine der tollsten Balladen aller Zeiten.

Stairway to Heaven.

Er selbst hatte den Typen, der die Platten auflegte, darum gebeten. Für seinen ersten Tanz mit Arianna sollte es nicht irgendein Lied sein. Auch wenn es jetzt anders gekommen war, ließ er sich trotzdem vom Zauber der Klänge durchströmen. Die Stimme des Sängers drang mitten in sein Herz und stieg hell wie die Flamme einer Kerze zu seinem Nacken empor.

Tomàs begann, mitten auf der Tanzfläche zu tanzen. Seine Füße bewegten sich mit einer Meisterschaft, von der er bislang selbst nichts geahnt hatte, und sein Körper war so biegsam wie der eines Delfins. Selbst Arianna löste sich von ihrem Tänzer, um das Schauspiel nicht zu verpassen. Aber Tomàs war schon weit weg. Die ganze Welt war nun seine Tanzfläche. Er glitt von Kontinent zu Kontinent und vereinte sich mit allen Menschen, die denselben Rhythmus hatten wie er. Im Tanz schloss er sich ihnen an, im Tanz verließ er sie – ohne jedes Bedauern und ohne je innezuhalten.

Plötzlich war er wieder in der Grotte und fühlte, wie Morenas Fuß an dem seinen pulsierte, und für einen Augenblick, über dessen Dauer er nichts sagen könnte, trat er in Verbindung mit ihrer Seele.

Er spürte ihre Kraft und ihre Angst.

Er sagte ihr, dass die Liebe erwürgt wurde, wenn das Ich das Wir erstickte.

Er sagte ihr, dass die Liebe an Unterernährung starb, wenn das Ich alle Nahrung für sich beanspruchte und das Wir vergaß.

Er sagte ihr, dass die Liebe an Langeweile zugrunde ging, wenn das Ich sich nur auf seine Emotionen konzentrierte und keine Pläne für das Wir hatte.

Er enthüllte Weisheiten, von denen er bislang nichts gewusst hatte, und sie nahm sie dankbar an. Ihrer beider Füße hatten sich aneinander gerieben, aber jetzt bewegten sie sich im Gleichklang und beförderten sie mit wenigen Stößen ans Ende der Grotte, wo Noah sie erwartete.

»Ab wann ist ein Mund ein Mund?«, fragte er Tomàs, während er ihm half, die Haube abzulegen.

»Ein Mund? Wenn er ein Mund ist, natürlich!«, antwortete dieser verblüfft.

»Und ab wann ist ein Auge ein Auge?«

»Wenn es ein Auge ist!«

Der Wasserheiler war nicht einverstanden.

»Der Mund funktioniert alleine, aber einem einzelnen Auge fehlt die Tiefe.«

»Dann sind also nur zwei Augen eine Einheit?«

»Und ab wann ist ein Mensch ein Mensch?«

»Wenn er ein Mensch ist. Wie der Mund funktioniert er auch für sich ganz gut.«

»Nein. Allein bringt er nichts zuwege. Der Mensch ist ein Zwillingswesen«, ließ sich Morena vernehmen, die aus ihrer Starre erwacht war. »Das hast du mir doch selbst erklärt, Tomàs, als wir in der Grotte waren.«

Erfreut lächelte Noah.

»Wer sich nur mit sich selbst vermählt, wird sich früher oder später wieder scheiden lassen.«

»Die Liebe«, fügte er hinzu, »ist nicht einfach die Summe zweier Ichs. Sie ist ein eigenständiges Wesen, und sein Name lautet Wir. Wenn das Paar gemeinsame Ziele hat, kann ihm der Lauf der Zeit nichts anhaben, denn Mann und Frau sind dann nicht mehr zwei Wesen, sondern eines.«

»Und wie unterdrückt man dann die Gier nach neuen Emotionen?«, fragte Tomàs, während er neben Morena aus dem Wasser kletterte und seinen neuen, leichteren Bademantel anlegte.

»Man unterdrückt sie gar nicht. Man überwindet sie im Namen des gemeinsamen Ziels«, antwortete der Wasserheiler.

»Das stimmt«, bestätigte Morena versonnen. »Die Liebe lebt, solange man zusammen träumt. Auch wenn jeder anders träumt, Hauptsache, man träumt gemeinsam.«

Tomàs merkte, dass er immer noch Morenas Geruch an sich hatte. Für den Moment hatte er das Ziel, ihn nicht gleich wieder verfliegen zu lassen.

Der Tee des Abstands

Bei dem von Männern und Engeln die Rede ist, von Schönen und Biestern und von einem Buch, das die geheime Sprache der Liebe enthüllt.

XXVIII

Sie zogen ihre Bademäntel eng um sich und kehrten in den Kreuzgang zurück, während eine wolkenschwere Morgenröte sie in sanftes Licht hüllte.

»Guten Morgen, es ist Frühling. Wenn die Sonne sich reckt, werden die Tage länger, und im Bauch der Erde – unter Eichen und Büschen – wächst das neue Leben heran.«

So ertönte Andreas Singsang, während er auf die Gäste der Thermen zuglitt. Er trug ein Tablett.

»Das Wort ist die Sprache der Menschen, die Kunst jene der Engel. Sie spricht die weibliche Seite des Gehirns an, die Intuition, welche die Schönheit der Welt erfahrbar macht. Sieben Noten, sieben Farben, sieben Tore, durch welche die Energie in die Welt fließt. Der Komponist nutzt die Tonleiter, der Maler die Schattierungen der Farben. Und du, welchen Ausdruck wählst du für die Liebe?«

»Die Tonleiter der Seele?«, schlug Morena vor.

Der Geschichtenerzähler nickte.

»Auch sie hat ihre Noten und Farben, auch wenn wir sie nicht so nennen. Wir sprechen von Gefühlen.«

»Gefühle sollen eine Farbe besitzen?«

»Rot ist mein Gewand wie die Statue der Göttin. Wie die Seele selbst. Wie das Blut, das die Gefühle gebiert.«

»Ich mag Gefühle!«

»Das tun alle. Aber nur wenige verstehen es, ihre Gefühle zu beherrschen. Abstand ist ein Wort, das der Mensch vollkommen verdreht hat.«

»Aber Abstand heißt Kälte!«

»Nein, Abstand heißt Kontrolle. Ihr habt gelernt, euren Wunsch ins Universum zu entlassen. Nun besteht die Gefahr, dass er sich dort totläuft. Gefühle sind eine körperliche Angelegenheit, sie verursachen Schweiß und Tränen. Sie sind Ballast, der erstickt statt erschafft. Um dem Wunsch Flügel zu verleihen, benötigt er die Leichtigkeit einer Idee.«

»Du hast doch gerade gesagt, dass Gefühle die Tonleiter der Seele sind!«, erhob Morena Einspruch.

»Ich sage nicht, dass du sie vergessen sollst. Es genügt jedoch, wenn du sie deinem Wunsch mitgibst, und zwar nur ein einziges Mal. Dann musst du deinen Wunsch fliegen lassen. Wenn du ihn mit zu vielen Erwartungen überfrachtest, schafft er es nie ins Kielwasser einer Idee.«

»Ideen haben ein Kielwasser?«

»Jede Idee, die aus dem Schlaf erwacht, zieht einen Lichtschweif hinter sich her, der sich in deinem Bewusstsein bemerkbar macht.«

Tomàs schaute auf Morenas Kopf, doch ihm fiel nichts Besonderes auf. Als er den Blick aber wieder senkte, sah er Morena. Er verlor sich im Anblick ihrer herzförmigen Lippen, auf denen ein ekstatisches Lächeln lag. Sie hatte aufgehört, eine bloße Reisegefährtin zu sein, und wurde allmählich zur Sehnsucht.

Auf dem Tablett standen zwei Tassen. Auch die Bücher mit dem hellen Einband waren noch da.

»Kennst du die alle? Zeile für Zeile?«, fragte Morena.

»Kennen heißt nicht, dass man sich an jedes Wort erinnert, sondern dass man weiß, wo man suchen muss.«

Andrea nahm das Buch, das ganz oben auf dem Stapel lag.

»Dieses Buch ist besonders kostbar. Es enthüllt die geheime Sprache der Liebe.«

»Ich will es, ich«, quietschte Morena und streckte instinktiv die Hand danach aus.

»Wenn ›ich‹ dein liebstes Wort ist, hör auf, es sintflutartig zu verwenden, sonst rinnt es dir wie Wasser durch die Finger. Warte ab, bis dein Leben in Gefahr ist, dann wird dieses Wort zum Pfeil, der geradewegs ins Schwarze trifft.«

»Ich will es«, korrigierte sich Morena, ohne jedoch die Hand zurückzuziehen.

»Du trägst es schon im Herzen, also lass es, wo es ist. Die Liebe ist ein Stummfilm: Stell den Ton ab und lass Gesten sprechen. Jede Geste, in der sich deine wahren Gefühle ausdrücken, sagt mehr als tausend Worte. Mit Worten kannst du dich und andere täuschen. Was du aber tust, wird dich und andere überzeugen.«

»Und so wandern Jahrhunderte der Romantik ab in den Papierkorb«, bemerkte Tomàs.

»Ich finde die Vorstellung gar nicht schlecht«, entgegnete Morena. »Wenn du mich siebenundzwanzig Mal am Tag anrufst und mich zum Essen einlädst, und ich jedes Mal sage, dass ich leider Gottes erkältet bin, dann hat es wohl wenig Sinn, wenn du dich immer noch fragst, ob ich wahnsinnig in dich verknallt, aber nur leider von zarter

Gesundheit bin. Wahrscheinlicher ist doch, dass ich mich bester Gesundheit erfreue, aber kein Interesse habe.«

»Und? Bist du jetzt erkältet?«

»Wenn ich aber«, fuhr sie unbeirrt fort, »hundert Kilometer weit schwimme, um dir zu sagen, dass du ein Idiot bist, dann wirst du, wenn du den Ton abstellst, das unmissverständliche Zeichen der Leidenschaft zweifellos erkennen.«

Tomàs gefiel die Vorstellung, wie Morena hundert Kilometer schwamm, um ihn als Dummkopf zu beschimpfen. Stille trat ein, als die beiden die Stummfilmtechnik auf ihre Vergangenheit anzuwenden versuchten. Und beide entdeckten Signale, die sie unter dem Eindruck allzu vieler Worte ignoriert oder unterschätzt hatten. Immer wieder ließ sich an bestimmten Zeichen ablesen, wann die Liebe wie ein Kartenhaus in sich zusammengestürzt war und gefühlloser Besessenheit und hohlem Gerede Platz gemacht hatte. Und plötzlich verstanden sie die Bedeutung des Satzes: »Im Wort liegt das Heil, in den Worten der Untergang.«

»Lieber Himmel, was habe ich nur Zeit damit verschwendet, die tiefere Bedeutung der ein oder anderen Bemerkung zu ergründen«, gestand Morena.

»Als ich zum ersten Mal einem Mädchen meine Liebe gestehen wollte«, erzählte Tomàs, »ließ ich bei ihr mein Tagebuch liegen, in dem stand, wie sehr ich in sie verliebt bin.«

»Und sie hat es gelesen?«

»Natürlich. Wir sind gute Freunde geworden. Verlobt hat sie sich aber mit einem anderen, der ihr nicht einmal eine Karte geschrieben hat. Aber er wusste, wie er ihr in die Augen schauen musste.«

»Denkt daran, was ihr in der Grotte gelernt habt: Nur wer seine Leidenschaft herauslässt, wird den richtigen Weg finden. Worte haben schon seit geraumer Zeit ihre Kraft verloren. Sie sind zweite Wahl, eine Abkürzung für alle, die Angst haben. Denn das Wort ist nur schöpferisch, wenn es zur Tat wird. Keine Frau wird sich je in dich verlieben, nur weil du ihr ein Gedicht vorliest. Wenn du sie dabei jedoch auf die richtige Weise anschaust, wird es geschehen: Liebe ist Energie!«

»Der Mann, den ich geliebt habe, hat mich immer leidenschaftlich angesehen«, sagte Morena. »Nur hat er mir auch immer einen Haufen Lügen erzählt. Ich habe mein Leben damit zugebracht, an seinen Lippen zu hängen, ohne zu merken, dass das, was er mir eigentlich mitteilen wollte, aus seinen Gesten sprach.«

»Auch Worte können sich zur Kunst erheben. Aber nur, wenn die Musik darin Eingang findet.«

Die Flüssigkeit, die Andrea nun in die Tassen goss, hatte die Farben des Regenbogens.

»Rein wie Wasser, stark wie Wein: Lindenblüten, Orange, Weißdorn. Auch dieser Tee wird von einer wahren Geschichte begleitet, die euch eine neue Erfahrung vermitteln soll. Sie zeigt euch, dass die Liebe leidenschaftlich gelebt, aber aus einem gewissen Abstand betrachtet werden muss.«

Andrea reichte ihnen die Tassen. Dann öffnete er das Buch und begann, ihnen eine Geschichte zu er-singen.

XXIX

Die Ballade vom Deutschen

Der dunkle Deutsche war ziemlich kräftig,
die blonde Japanerin wirklich prächtig.
Zusammen liefen sie am Kanal entlang,
als die Blonde fiel und im Abgrund verschwand.

Der weiche Schlamm federte ab ihren Fall,
doch die glatten Wände des finstern Kanals
ragten hoch auf, und sie war ganz alleine,
versuchte zu klettern, kam nicht auf die Beine.

Der Deutsche kannte sie gar nicht so gut,
wusste aber sehr wohl, was man aus Liebe tut.
Sein Bestes gibt man, ohne zu fragen,
was denn der Lohn sei für all das Wagen.

So stürzte er los und lief und lief,
mit rauer Stimme er um Hilfe rief.
Doch niemand kam, um nachzuschauen,
man dachte an einen Scherz und war zu faul.

Zurück am Kanal suchte er dann sogleich
in der Tiefe nach einem Lebenszeichen.
»Kopf hoch, meine Blonde, lass dich nicht hängen.
Halt aus, nur Mut, ich werde dich retten.«

Von Haus zu Haus zog er und gab nicht auf,
bis gegen Morgen er doch jemanden traf,
der ihn verstand und mit müdem Blicke
die Feuerwehr bat, ihm Leute zu schicken.

Der Deutsche führte sie an Ort und Stelle
und sorgte sich, dass man ihr wehtun könne,
als triumphierend schon ein Feuerwehrmann
die zitternde Blonde hielt sicher im Arm.

Man hüllte sie schnell in warme Decken
und ließ sie in den Krankenwagen stecken.
Dann hieß man den Deutschen, sie zu begleiten,
doch statt ihr zu folgen, suchte er das Weite.

Die Lungen füllte er mit Morgenluft
und folgte dem Schicksal, das ihn ruft.
Die Liebe spürt alles, setzt sich bedingungslos ein
und verlangt dafür nichts, als frei zu sein.

Vielerorts kann man die Liebe finden,
doch diesmal wohnte sie im Herzen von Hunden.

Morena fuhr sich mit der Hand durchs Haar und seufzte.

»Zuerst Haie und jetzt Hunde. Haben Tiere denn überhaupt eine Seele?«

»Jeder Körper hat eine Seele, denn die Seele ist die Essenz der Körperflüssigkeiten.«

»Aber ist die Seele denn nicht dasselbe wie der Geist?«

»Mach nicht den Fehler der verwirrten Menschen. Der Geist ist ein Hauch, ist Flamme, Energie. Das, was vom Menschen nach seinem Tod übrig bleibt.«

Tomàs hatte die Augen gesenkt und hörte zerstreut zu. In Wirklichkeit musterte er Morenas nackte Zehen. Klein und gebogen. Nie hatte er hübschere gesehen. Und dieser herzförmige Mund. Und die Augen: Pupillen wie Leuchtkäfer, die auf den Glücklichen warteten, dem sie aufscheinen konnten.

Im Geiste baute er sich seine Idealfrau zusammen, indem er ihr jene Züge verlieh, die ihn an seinen Bekanntschaften begeistert hatten.

Von der Tochter des Notars nahm er den eleganten Schwung des Nackens und die feinen Hände.

Von der Mathematikerin die mondhelle Haut und die aufregenden Kurven.

Von Arianna die hohen Wangenknochen, das rabenschwarze Haar und die langen Beine, von ihrem Lächeln ganz zu schweigen.

Mit ihr konnte es keine aufnehmen. Aber Arianna war keine leibliche Gestalt mehr. Sie war der Traum, den er auf der Erde zurückgelassen hatte. Während Morenas Körper direkt neben ihm pulsierte und ihm Lust einflößte, sich an ihrer Energie zu berauschen. Vielleicht war sie ja der Rettungsring, den ihm das Leben zuwarf, damit er das Abenteuer hier überstand.

»Glaubst du, ich könnte dem Hund in deiner Geschichte ähnlich werden?«, fragte er den Geschichtenerzähler.

»Wenn du die Vergnügungen, die das Leben dir schenkt, genießen kannst, ohne die Liste deiner Ängste zu verlängern.«

»Ich weiß nicht, wovon du sprichst«, sagte Tomàs und errötete.

Nun überreichte Andrea den beiden die gleiche Karte.

… du wirst mich verlieren müssen, um mich zu finden …

»Gehen wir mal davon aus, dass ich die Schöne bin. Wer könnte dann wohl das Biest sein?«, fragte Morena augenzwinkernd.

Tomàs' Gesicht färbte sich nun tiefdunkelrot.

»Ich hasse Märchen, und dieses ganz besonders«, antwortete er. Sein Tonfall verriet, dass er das Thema nicht weiter vertiefen wollte.

Das Mondbecken

Wo Tomàs wieder zum Kind wird und mit Fäusten auf den Tod losgeht, um das Leben beim Murmelspiel wiederzufinden.

XXX

Der Abend brach herein, und mit ihm kam Noah, der seine Patienten abholte und über den Kiesweg durch die Thermen führte. Der Vollmond erhellte die Landschaft. An den Bäumen wurde die Frucht des strengen Winters sichtbar: Überall kündeten dicke Knospen vom Leben. Tomàs aber war in Gedanken versunken und hob den Kopf nicht einmal, als Morena auf dem Rasen ein Rad schlug wie eine kapriziöse Fee.

Bald kamen sie auf eine Lichtung mit einem kreisförmigen Wasserbecken. Die Strahlen des Mondlichts brachen sich auf der Wasseroberfläche und ließen sie in winzigen Wellen erzittern. In der Mitte des Beckens trieb eine Frau auf dem Wasser. Sie hatte honigfarbene Haut, einen einladenden Busen und die Haare kurz geschoren. Das Lächeln ihrer porzellanweißen Zähne war nicht von dieser Welt.

»Das ist Lys, die Masseurin der Seelen«, stellte der Alte sie vor. »Sie ist die weibliche Energie, die Frieden stiftet und jeden Schmerz lindert. Wie die Gezeiten lässt sie die Emotionen an- und abschwellen. Sie zerstört und verwandelt, zeigt die Wahrheit und schenkt Sicherheit.«

In Kontakt mit dem Salzwasser, erklärte Noah, reinigten die Schwingungen ihrer Stimme die Meridiane des

Körpers und heilten das Herz. Wenn man sich ihr vorbehaltlos anvertraute, brachte sie einen in die Kindheit zurück, wo man das Trauma, das den Lauf des eigenen Lebens verändert hatte, noch einmal durchlebte.

»Das Leid, das man als Erwachsener erfährt, geht auf eine Entscheidung zurück, die man vor langer Zeit getroffen hat. Die Weisheit geht leider nur allzu schnell verloren«, schloss der Wasserheiler.

Tomàs war der Erste, der sich ins Wasser gleiten ließ.

»Gute Reise«, flüsterte ihm Morena mit dem Pathos der Schauspielerin ins Ohr. »Wenn du auf deinem Weg ein Mädchen triffst, das ein Schokoladenbeignet aus einer Kuchenvitrine stibitzen möchte, dann sei gut zu ihr.«

Die Wärme des Wassers hüllte Tomàs ein. Er streckte sich aus, ließ sich treiben und sah dem Vollmond ins Gesicht. Die Hände der Masseurin legten sich auf seine Schläfen. Dann umfasste sie seine Schultern und versetzte ihn in eine schaukelnde Bewegung.

»... lass dich gehen ... lass mich zu dir ein ...«

Die Stimme mit dem beruhigenden Unterton schien direkt aus der Tiefe des Wassers zu kommen. Tomàs tauchte unter, um sie besser verstehen zu können. Plötzlich hörte er sein eigenes Herz schlagen.

»... schlaf, Kindlein, schlaf ...«

Das Schlaflied legte sich wie eine Decke über seine Emotionen. Er spürte das Vibrieren einer Harfe im Bauch. Als er die Augen schloss, sah er sich selbst als Kind. Er war in Begleitung eines Mannes, der ein rotes Päckchen in den Händen hielt.

»… erzähl mir, was du siehst …«, flüsterte die Wasserstimme, während Lys' Hände ihn immer noch auf dem Wasser schaukelten.

»Ich bin das Kind. Und der Mann mit dem Päckchen ist Doktor Bo. Unser Hausarzt. Einer von den Menschen, die einem schon deshalb außergewöhnlich vorkommen, weil sie ganz einfach ihre Pflicht tun.«

»… erzähl … wie war er so …«

»Er sah normal aus, klein, schmal. Reden war nicht seine Sache, weder daheim noch in der Öffentlichkeit. Er sprach stets langsam und machte viele Pausen.«

»… erzähl … wer war er …«

»Er war einer der vielen Ärzte, die meiner Mutter in den letzten Monaten beigestanden haben. Der Einzige, der ihr immer Blumen mitbrachte. Sie liebte rote Rosen. Kein Arzt wollte, dass ich bei der Visite dabei war, aber er hatte nichts dagegen. Er setzte sich ans Bett und sagte: »Bleib ruhig hier, Tomàs.« Jedes Mal brauchte er eine halbe Ewigkeit, bis er die Worte herausgebracht hatte, aber ich wusste ja, was er sagen wollte. Die beiden unterhielten sich immer lange. Eigentlich war es nur Mama, die redete. Doktor Bo hörte zu, mitunter mit feuchten Augen, aufmerksam. Nie wieder habe ich einen Menschen getroffen, der so gut zuhören konnte. Wenn er sich verabschiedete, ging es meiner Mutter besser. Dann rief sie meinen Vater im Büro an und erzählte: ›Doktor Bo hat gesagt …‹ Er hatte gar nichts gesagt, aber irgendwie war es immer so, als hätte er.«

»… erzähl … von dem Morgen, an dem die … Pinguine kamen …«

»Die Pinguine kamen am Weihnachtsmorgen. Es hatte die ganze Nacht geschneit, und am Morgen glänzte die Stadt unvermutet in der Sonne. Ich, den man normalerweise nicht aus dem Bett bekam, sprang heraus und stürzte sofort ans Fenster, um dieses Weiß zu sehen, das alle Dinge zum Schweigen bringt. Plötzlich überfiel mich eine seltsame Vorahnung. Ich lief ins Zimmer meiner Eltern. Sie waren weg … alle beide. Ich konnte es kaum glauben. Es war Weihnachten, und sie waren verschwunden, ohne mir auch nur ein Geschenk unter den Baum zu legen …«

»… fröhliche Weihnachten, mein Kleiner …«

»Dann läuteten die Pinguine an der Tür und nahmen mich mit in ihr Geschäft, wo sie Särge verkauften. Mein Vater war schon da. Ich sagte, ein Sarg sei doch wohl ein grausiges Geschenk, und Mama habe mir Basketballschuhe versprochen. Er antwortete nicht. Seine Augen waren gelblich. Zwei Riesenpinguine stützten ihn. Er ging an mir vorüber, ohne mich zu sehen, und verschwand hinter einer Gittertür. In diesem Augenblick überfiel mich ein Gefühl tiefer Verlorenheit. Da legte sich eine Hand auf meine Schulter. Sie gehörte Doktor Bo. In der anderen Hand hielt er das rote Päckchen mit den kleinen, gelben Elefanten darauf.«

»… dein Geschenk …«

»›Das ist von deiner Mama‹, sagte Doktor Bo, doch da hatte ich das Päckchen schon an einer Seite aufgerissen und den Finger hineingebohrt. Noch heute öffne ich Päckchen auf diese Weise. Ich hätte schwören können, dass es der Karton mit den Basketballschuhen ist. Stattdessen kam ein Bild von einem geflügelten blonden Jungen in Mädchenkleidern zum Vorschein. Unter seinen Füßen schwebte eine Wolke, darunter kniete ein Kind und betete, und wiederum darunter standen die Worte: ›O Engel Gottes, wache über mich. Breite deine Hände über mir aus, der ich dir von den himmlischen Mächten anvertraut wurde. Eile mir zu Hilfe und führe mich. So sei es.‹«

»… wache über mich … breite deine Hände über mir aus … eile mir zu Hilfe und führe mich …«

»Ich fragte den Doktor, ob der Junge mit den Flügeln und das Kind mit den gefalteten Händen verwandt seien. Er führte mich auf die Straße hinaus, weg von den Pinguinen, und richtete seine feuchten Augen gen Himmel. ›Von heute an wird dort oben ein Engel wohnen, der allein über dich wacht‹, sagte er mit einer für ihn ungewöhnlichen Beredsamkeit. ›Heute kannst du das noch nicht verstehen, aber alles ist gut und gerecht …‹«

»… alles ist gut und gerecht …«

»Ich schrie: ›Neiiin!‹, und versetzte ihm einen Faustschlag. Der arme Doktor Bo verlor das Gleichgewicht, fiel aber nicht hin. Er trat einen Schritt vor und nahm mich in die Arme.«

XXXI

Tomàs versuchte, sich aus den Armen der Masseurin zu lösen, doch die drückte ihn nur fester an sich.

»… nicht weglaufen, Kleiner, schling deine Arme um Doktor Bo …«

»Nein, ich habe ihn nicht umarmt. Ich bin weggelaufen, so schnell ich konnte.«

»… du kannst zurück, wenn du willst …«

»Jahrelang habe ich mich gegen die Einsicht gewehrt, dass meine Mutter tot war. Ihre Fotos habe ich ganz unten in meiner Schublade versteckt. Mit niemandem habe ich darüber geredet, ja ich habe nicht einmal darüber nachzudenken gewagt. Meinen Schulkameraden habe ich erzählt, sie sei auf Geschäftsreise und habe nie Zeit. Bald aber würde sie mich abholen kommen wie die blonde Dame, die jeden Tag ihren schrecklichen Sohn abholte – es war unmöglich, sich nicht in sie zu verlieben, wie sie da an die Tür ihres Jeeps gelehnt stand, die verruchte schwarze Sonnenbrille selbst bei Regen noch auf der Nase. Nachts aber verschwand meine imaginäre Mutter, eine Niederlage, die ich nie überwand. Erst in den frühen Morgenstunden schlief ich auf dem nassgeweinten Kopfkissen ein.«

»… du kannst auch jetzt weinen … wenn du willst …«

Tomàs schüttelte den Kopf und nieste. Lys legte ihm eine Hand aufs Herz.

»… es ist kalt … du bist nicht mit der Erde verbunden … mit der Mutter … du hast ihr nie verziehen … du hast sie nie mehr umarmt … die Liebe ist eine Umarmung, die die ganze Welt einschließt … das Gute … das Böse … ihre Wärme hat dir gefehlt …«

»Ihre Wärme! Sie kam aus einer großen Familie, die aber recht wohlhabend war. Als dann im Krieg mein Großvater starb, verloren sie alles. In einem Alter, in dem andere den ersten Liebeskummer durchstehen, arbeitete sie schon in der Fabrik und half meiner Großmutter, ihre Geschwister großzuziehen. Sie war zerstreut, emotional und hatte denselben verwuschelten Haarschopf wie ich. Aber sie war immer für andere Menschen da, eine Art Heizung, die stets auf der gleichen Temperatur läuft. So wie ich gerne wäre, aber nicht bin.«

»… verzeih deiner Mutter … dass sie fortgegangen ist … und dem Universum, dass es sie zurückgeholt hat …«

»Warum habt ihr sie mir nur so bald weggenommen? Das ist eine himmelschreiende Ungerechtigkeit! Wenn schon nicht ihr, so doch mir gegenüber!«

»… erinnere dich an das, was Doktor Bo gesagt hat … das Leben hat einen Sinn … jeder von uns wählt … wenn er zur Welt kommt … seine Erfahrungen aus … seine Hindernisse, die er überwinden muss, um zur Ganzheit zu gelangen … du hast dir die Erfahrung ausgesucht, eine Waise zu sein …«

»Aber wie? Und wieso?«

»… das darfst du mich nicht fragen … niemand kennt den ganzen Plan … wir haben alle eine Aufgabe im Leben …«

»Das sind doch Illusionen, um mir den bitteren Geschmack des Nichts zu versüßen!« In diesem Augenblick merkte Tomàs, dass er redete wie Staub.

»… das Nichts … das Ganze … einige Seelen sind schon weiter … sie brauchen weniger Zeit, um sich in die Lüfte zu erheben … vielleicht konnte deine Mutter ihre Aufgabe in so kurzer Zeit erfüllen … vielleicht war sie einfach besser als andere …«

»In der Nacht, in der sie starb, kam sie in mein Zimmer und las mir eine Geschichte vor. Aber ich Dummkopf bin natürlich vor dem Ende eingeschlafen.«

»… dann erinnerst du dich eben so an sie … wie sie dich für immer und ewig segnet … jetzt aber lass sie gehen …«

»Das kann ich nicht. Das will ich nicht!«

»Die Mutter früh zu verlieren erzeugt das Urgefühl der Verlassenheit … man lernt nicht, sich gegen spätere Verluste zu wappnen … andererseits lernst du auf diese Weise, wie wichtig die Liebe ist … und nicht vor ihr davonzulaufen, wenn sie dir begegnet … und um sie zu kämpfen bis zum letzten Blutstropfen …«

Tomàs schloss die Augen und sah Doktor Bo vor sich, wie er sich über seine Kinderfäuste beugt.

»… umarme ihn, mein Kleiner … du bist keine Waise mehr … du bist dir selbst Vater und Mutter … umarme ihn und geh weiter …«

»Das kann ich nicht!«

»… du steckst nicht mitten in deinem Leben … du siehst ihm von außen zu … du redest in der Vergangenheitsform davon … doch das Leben ist ewige Gegenwart …«

»Das ist meine Blockade. Ich komme nicht darüber hinweg.«

»… das ist nicht deine Blockade … sonst hättest du sie jetzt gelöst … nein, wir müssen noch weiter zurückgehen …«

Lys tastete seine Schläfen ab. Tomàs hatte das Gefühl, auf einer Achterbahn in Form eines Regenbogens zu fahren. Sie überspannte ein Gewässer und mündete in einen Strand voller schreiender Kinder, deren Mütter ein Sonnenbad nahmen.

In all dem Gewusel sah er einen dürren Knirps mit verwuscheltem Haar. Zwei größere Kinder hatten ihn an den Beinen gepackt und zogen mit Hilfe seines Hinterns eine Bahn in den Sand. Er spürte ein Brennen an den Pobacken und hatte keinerlei Zweifel mehr.

Der Junge mit dem verwuschelten Schopf war er selbst.

XXXII

Drei Mal tauchte Lys seinen Kopf in das salzige Wasser, bevor sie ihn erneut den Strahlen des Mondes aussetzte.

»… es ist Sommer, mein Kleiner … einer der ersten Sommer deines Lebens … du bist am Strand … die großen Kinder bauen eine Murmelbahn …«

»Mit Hilfe meines Hinterns, super! Ich will auch spielen. Wieso lassen die mich nicht mitspielen?«

Tomàs sprach in der Gegenwart. Seine Sätze waren kurz, seine Stimme hell wie die eines kleinen Kindes.

»Ich finde eine angeschlagene Murmel im Sand und lege sie auf die Startlinie. Dann führe ich den Zeigefinger an den Daumen, als wäre es die natürlichste Sache der Welt …«

»… ist es auch …«

Er formte mit Daumen und Zeigefinger einen Kreis und merkte in seiner Konzentration gar nicht, dass er die linke Hand benutzte, obwohl er kein Linkshänder war.

»… worauf wartest du?«, fragte die Wasserstimme.

»Dass jemand mir zuschaut! Ich bin bereit. Ich lasse die Murmel abrauschen. So!«

Er schnellte den Zeigefinger vor.

»… wie läuft's, Kleiner …«

»Miserabel, danke sehr. Meine Murmel schießt über die Bahn hinaus und direkt in den offenen Mund einer Sonnenbadenden. Diese Murmel hat eine große Zukunft als Golfball!«

»… hör auf, dich in die Ironie zu flüchten … das ist der Fluchtweg der Erwachsenen … denk daran … du bist noch ein Kind …«

»Aber wenn es doch die Erwachsenen sind, die sich über mich lustig machen. Vor allem mein Vater.«

»… dein Vater … hat zugesehen?«

»Das hat er sich natürlich nicht entgehen lassen. Er springt auf, sieht meine Mutter an und sagt: ›Wo hat dein Junge nur seinen Kopf?‹ Mama versucht, mich zu verteidigen, aber er putzt mich vor allen Leuten herunter: ›Jetzt wach endlich auf, Tomàs!‹«

»… und du …?«

»Ich wache auf. Um ihn zufriedenzustellen. Ich hole die Murmel und lege sie wieder an die Startlinie. Dieses Mal berühre ich sie kaum mit dem Zeigefinger. Der Schuss eines Feiglings. Die Murmel dreht sich ein paar Mal um sich selbst, dann bleibt sie liegen. Aber sie schießt nicht übers Ziel hinaus, und alle loben mich.«

»… auch dein Vater …«

»Er kneift mich ermunternd in die Wange. Er ist zufrieden.«

»… du auch …?«

»Ich nicht, aber ich tue so.«

»… du bist also schlauer geworden … und unzufrieden … um die anderen zufriedenzustellen, hast du dich verbogen, wie sie ... und hast die Verbindung zwischen Gehirn und Herz gekappt ...«

»Die Intuition?«

»... versuch jetzt, den Kontakt wiederherzustellen ... wenn du das Gleichgewicht im Herzen spürst, schieß einfach drauflos, ohne nachzudenken ...«

Tomàs brachte die Murmel wieder an die Startlinie und legte Daumen und Zeigefinger der linken Hand zusammen. Er spürte die Augen der Welt auf sich ruhen. Am liebsten wäre er davongelaufen.

»Ich schaffe das nicht. Ich bin blockiert.«

»... siehst du ... es war nicht der Tod deiner Mutter ... es ist selten der Tod einer Person, der uns blockiert ... sondern meistens unser eigener ... jetzt weißt du es ... du bist an diesem Strand gestorben ... hol dir dein Leben zurück ... hol deine Murmel ... setze sie dorthin, von wo aus du sie das erste Mal geschossen hast ...«

Tomàs gehorchte ohne große Überzeugung. Nur um sich von der Last zu befreien, die auf ihm lag, versetzte er ihr einen müden Stoß.

»... nun, wie läuft es, mein Kleiner ...«

»Noch schlechter, danke der Nachfrage. Dieses Mal zieht die Murmel ab wie eine Rakete. Sie fliegt ins Meer und treibt auf den Wellen.«

»... gib nicht klein bei ... hol sie dir wieder und versuch's noch einmal ... du kennst ja die Geschichte von Maradonas Balljungen ...?«

»Hast du Maradona gesagt?« Tomàs konnte es kaum glauben, dass jemand wie Lys Fußballstars kannte.

»… hör zu … eines Tages hatte er beschlossen zu trainieren … er sah die Journalisten herausfordernd an, dann platzierte er fünf Bälle an der Torlinie … dort, wo sie mit der senkrechten Linie zusammentrifft …«

»Der Strafraumlinie?«

»Nein, das wäre zu leicht. Mit der Linie, die den kleineren Kasten markiert …«

»Der Torraumlinie also.«

»… du kennst dich ja richtig aus, mein Kleiner … dann weißt du auch, dass das Tor von dieser Linie gar nicht weit weg liegt … trotzdem ist es schwierig, es zu treffen … der äußere Torpfosten steht wie eine Mauer vor dir …«

»Schwierig? Unmöglich! Da müsstest du ja quasi ums Eck schießen, was sämtliche Gesetze der Physik aushebeln würde.«

»… Maradona trat alle fünf Bälle … einen nach dem anderen … und alle fünf gingen ins Tor … die Journalisten waren so platt, dass sie nicht einmal applaudieren konnten … ein Balljunge aber, der der Szene beigewohnt hatte, holte die Bälle aus dem Netz, legte sie genau dorthin, von wo aus Maradona sie getreten hatte …«

»Wollte er es etwa auch versuchen?«

»… fünf Mal hat er geschossen … und fünf Mal den Pfosten getroffen …«

»Klar.«

»… da ließ er sich ins Gras fallen und legte die Stirn auf die Knie …«

»Hat er geweint?«

»… nein … er dachte nach … Maradona kam zu ihm …

strich ihm über den Kopf … mach dir keine Gedanken, sagte er … in deinem Alter konnte ich das auch noch nicht … dann nahm er den Fuß des Jungen und zeigte ihm, wo genau er den Ball treffen musste, damit er sich ins Tor drehte …«

»Vielleicht war es ja eine Frage der Schuhe!«

»… der Balljunge probierte es immer wieder … es war schon fast Abend, als man im leeren Stadion plötzlich einen Schrei hörte … Toooooor …«

»Ich glaub's nicht.«

»… der Balljunge hieß Gianfranco Zola … er wurde ebenfalls ein Meister … und das nur, weil er an diesem Tag etwas begriff, das er sich bis dato nur vorgestellt hatte … Talent ist alles im Leben … aber es ist nichts ohne den Charakter … es ist nichts als ein Potenzial … erst das Durchhaltevermögen verleiht ihm Form … vergiss nicht: Der Sauerstoff, der deine Seele am Leben hält, ist der Wunsch, ihre Träume zu verwirklichen …«

Tomàs verfiel in Schweigen. Die Angst vor dem harschen Urteil seines Vaters und dem, was die größeren Kinder sagen würden, hatte seinen Wunsch, sich auszudrücken, erstickt. Er versuchte, die Angst zum Schweigen zu bringen, doch letztlich fühlte er sie immer noch tief in sich drin.

»Ich kann sie nicht abtöten.«

»… dann lass sie am Leben … Angst ist wie Schüchternheit … sie wird erst dann zum Übel, wenn du sie nicht spüren willst … wenn du auf sie hörst, bewahrt sie dich vor allzu großer Kühnheit … los … ziele …«

»Ich kann nicht. Die Angst ist nicht mehr so stark, aber die Unruhe ist gestiegen.«

»… dann bitte deine Seele, sich zu beruhigen …«

»Ich bitte sie ja, aber sie hört nicht auf mich.«

»… dieser feige Schuss hat sie von ihren Wurzeln getrennt … komm, stell die Verbindung wieder her …«

Lys legte ihm beide Hände auf den Solarplexus, und Tomàs spürte, wie eine ruhige Kraft ihn erfüllte.

»Stell die Verbindung wieder her«, wiederholte Tomàs, als spräche er zu einer Person in seinem Innern.

Er legte Daumen und Zeigefinger der linken Hand zusammen. Dann spürte er, wie sein Herz ins Gleichgewicht kam, und hatte plötzlich Lust, einfach drauflos zu schießen.

»… wie läuft's, Kleiner …«

»Die Murmel schießt die Piste entlang. Sie geht in die Kurve. Sie legt an Geschwindigkeit zu. Sie überholt alle anderen. Sie erreicht als Erste das Ziel. Jaaaaa!«

Nun fiel er der Masseurin um den Hals, während er sie durch das Wasser hindurch noch einen Satz flüstern hörte.

»… jeder Mensch hat es in der Hand, Wunder zu wirken … letztlich ist es gar nicht so schwer … es reicht, immer wieder von vorn anzufangen, wenn es einen aus der Bahn trägt … sobald das Herz im Gleichgewicht ist … muss man einfach drauflos schießen …«

Und Lys wiegte ihn weiter, bis er eingeschlafen war.

Das Sonnenbecken

Wo ein Mann sich in der Betrachtung der Vergangenheit verliert und ein Paar die Zukunftsform der Verben übt.

XXXIII

Man hatte ihn halbnackt in einem Iglu liegen lassen. Tomàs fror und hatte Hunger. Nicht ohne sich zu fragen, wozu man in einem Iglu einen solchen überhaupt brauchte, öffnete er den Kühlschrank. Er holte ein Steak heraus, das so zäh war, dass es ihm die Zähne aus dem Kiefer zog. Der Hunger war schließlich gestillt, aber die Kälte ließ ihn immer noch zittern. Bis er eine Frauenstimme hörte. Eine recht aufgeregte Frauenstimme.

»Willst du wohl endlich aufwachen? Schließlich ist es im Märchen nicht der Prinz, der schläft.«

»Wer bist du?«, nuschelte Tomàs und fuhr sich mit der Zunge über die Zähne, um zu überprüfen, ob noch alle an ihrem Platz waren.

»Die tiefgekühlte Meerjungfrau.«

Vorsichtig öffnete er die Lider einen Spalt und erkannte Morena. Sie war klatschnass, saß zitternd auf einem Felsen und fing auch schon an, von der Seelen-Masseurin zu erzählen, als wäre es eine alte Freundin, mit der sie Kindheitserinnerungen ausgetauscht habe.

»Ich habe geträumt, ich hätte alle meine Zähne verloren«, sagte Tomàs schnell, als sie eine Pause einlegen musste, um Luft zu holen.

»Das bedeutet, dass jemand gestorben ist, den du geliebt hast.«

»Meine Mutter.«

»Oh, das tut mir leid. Sie hätte sich bestimmt gefreut, mich kennenzulernen.«

»Es ist ja schon lange her.«

»Und du hast es jetzt erst erfahren?«

»In gewisser Weise schon.«

Man hatte ihn also auf einem Felsen ausgesetzt, zusammen mit diesem egozentrischen Frauenzimmer. Das Schlimmste war, dass ihn das glücklich machte.

Tomàs sah sich um. Ihre Zuflucht erhob sich inmitten eines leeren Beckens, auf das die sinnloseste Sonne des Universums herabknallte: Obwohl es glühend heiß zu sein schien, wurde ihnen nicht warm.

Da war auch Noah, der mit der Geschicklichkeit eines jungen Mannes den Felsen erkletterte. Er hatte Handtücher dabei, damit sie sich abtrocknen konnten.

»Danke«, sagte Morena. »Das Frottee ist für die Haut wie ein Schluck Wasser für einen Mund voller Salz. Solch Schönheit tröstet über die Gemeinheiten der Welt hinweg.«

Augenblicklich war ihr Körper trocken.

»Dankbarkeit hilft«, sagte der Alte. »Aber wenn sie auch noch wärmen soll, muss man sie teilen.«

»Er möchte dir sagen«, übersetzte Morena für Tomàs, »dass wir hier erfrieren, wenn du dich nicht auch zu ein bisschen Dankbarkeit aufraffen kannst.«

»Ist die Dankbarkeit auf hehre Phrasen abonniert oder trocknet sie auch weniger salbungsvolle Menschen wie mich?«, fragte Tomàs, der sich zwar von oben bis unten abgerubbelt hatte, sich aber trotzdem noch nass fühlte.

»Wenn du Dankbarkeit suchst, erinnere dich an all das, wofür du dankbar bist. Glück ziehen nur jene an, die das Glück, das sie schon haben, zu schätzen wissen«, belehrte Noah ihn.

»Mir fallen nur Sachen ein, die mich wütend machen.«

»Hast du nicht gelernt, dass das Wort schöpferisch ist? Wenn du es missbrauchst, um dein Selbstmitleid zu hätscheln, wirst du dich nur noch schlechter fühlen.«

Tomàs schnaubte durch die Nase. Er konnte die Sprüche von diesem Klugschwätzer nicht mehr hören. In diesem Augenblick schüttelte Morena ihre Mähne, und auf Tomàs ging ein Tröpfchenregen nieder.

»Ich danke dir, dass du mich von oben bis unten nass gespritzt hast.«

»Musst du dich eigentlich andauernd beschweren?«

»Ich wollte gerade mit meiner Aufzählung anfangen.«

»Jetzt hör endlich auf, dir selbst leidzutun, sonst wird die Sonne nie an Wärme gewinnen.«

»Gut, ich versuch's. Ich bin dankbar für diesen Körper. Zwar hätte ich mir vollere Wangen gewünscht und ein bisschen glattere Haare, aber es hätte weitaus schlimmer kommen können. Ich bin dankbar für meine Seele: Jetzt war schon so häufig von ihr die Rede, dass ich sie gerne einmal kennenlernen würde. Ich bin dankbar für meine Schüchternheit, weil sie mich gelegentlich vor Arroganz bewahrt. Ich bin dankbar für meine Fantasie und die Bücher, die mir helfen, ihr Nahrung zu geben. Wird's schon wärmer?«

»Dankbarkeit sollte alles umfassen …«, erklärte Noah. »Sonnenschein und Wolken, Lachen und Weinen … Mutter und Vater.«

»Meinem Vater werde ich nie dankbar sein.«

Da zog Noah unter dem Stapel Handtücher ein Gefäß hervor, das seine Patienten nur zu gut kannten.

»Es ist an der Zeit, dass auch du den Lebens-Spucknapf in die Hand nimmst«, sagte er und richtete seine klaren Augen auf Tomàs.

»Ich denke gar nicht dran.«

Noah stellte den Spucknapf auf die Erde, dann kletterte er behände den Felsen hinunter und verschwand.

Morena kam näher und fuhr Tomàs mit der Hand durchs nasse Haar.

»Warum hasst du deinen Vater nur so? Schlimmer als meiner kann er doch auch nicht gewesen sein.«

Ein eisiger Wind presste das Handtuch wie eine zweite Haut an Morenas Körper, was sie noch begehrenswerter erscheinen ließ.

»Wir werden hier erfrieren, wenn du nichts unternimmst«, beharrte sie.

Seufzend griff Tomàs nach dem Spucknapf.

XXXIV

Und Tomàs erzählte, wie sein Vater nach dem Tod seiner Mutter jeden Lebenswillen verloren hatte und sich Abend für Abend vor dem Fernseher von der Knallerei irgendeines Western betäuben ließ. Eines Abends stand Tomàs auf, ging zum Apparat und drehte die Lautstärke herunter. »Ich bitte dich, Papa, sieh heute Abend einmal mich an.« Es nützte nichts.

Bald darauf verkaufte sein Vater seinen kleinen Betrieb und verschwand, nachdem er seinen Sohn bei einer unverheirateten Schwester untergebracht hatte. Auf diese Weise glaubte er, beiden eine Familie verschafft zu haben.

Tomàs taufte seine Tante »die Traurige«. Sie trug Braun in allen Schattierungen und hatte ihre grauen Haare zu einem Dutt gedreht, den sie nie, nicht einmal nachts, löste. Betrachtete man das menschliche Einfühlungsvermögen als Musikinstrument, fehlten der traurigen Tante die Saiten. Tomàs war die stürmischen Umarmungen seiner Mutter gewöhnt und öffnete seiner Tante sein Herz. Doch alles, was sie zu sagen hatte, war: »Es tut mir leid, Tomàs, aber ich werde dich nie lieben können. Ich werde mich aber um dich kümmern.« Beide Versprechen hat sie gehalten.

Eines Tages brachte die traurige Tante einen hochgewachsenen Herrn mit, den sie mit »Herr Notar« anredete. Er berichtete Tomàs von einem Hotel am Meer, das sein Vater mit dem Geld aus der Betriebsveräußerung erworben hatte, und wollte unbedingt mit ihm dorthin fahren. Tomàs bat aber lieber Doktor Bo, der die ganze Geschichte kannte, ihn zu begleiten. In diesem Hotel hatten seine Eltern ihre Flitterwochen verlebt. Mehrere Male waren sie dorthin zurückgekehrt, und auch ihr einziger Sohn war dort empfangen worden, in einer sternenklaren Nacht zum Rhythmus der Wellen.

Am Empfang wartete eine weißgekleidete Frau. Sie führte ihn auf die Dachterrasse, von der aus man das Meer sah. Sein Vater saß in einem riesigen Ledersessel und hatte eine Decke über den Knien wie ein alter Mann. Er schaute in den Horizont und schien wie ein kostbares Möbelstück, das den Unbilden der Witterung ausgesetzt ist, zu verrotten.

Tomàs stürzte auf ihn zu. »Komm nach Hause, Papa.« Doch der Mann vermochte seine Augen nicht vom Horizont zu lösen. »Dies ist mein Zuhause. Wenn du dich seiner würdig erweist, wird es eines Tages dir gehören.«

»Warum kann er mich bloß nicht leiden?«, schrie Tomàs auf der Rückfahrt, und Doktor Bo sagte: »Weil du ihn an jemanden erinnerst, der für ihn unerreichbar geworden ist. Von allen seelischen Krankheiten hat deinen Vater eine der schlimmsten ereilt: das Leiden an der verlorenen Liebe.«

Jahr für Jahr verging. Der Herr Notar schickte alle drei Monate einen Scheck, damit Tomàs zur Schule gehen konnte. Und Jahr für Jahr standen am Todestag Sätze wie dieser zwischen den Todesanzeigen der Zeitung:

»Mir kommt es vor, als wäre ich in einen endlosen Abgrund gestürzt. Manchmal spüre ich dich hinter mir stehen. Warst du die Möwe, die soeben über die Wellenkämme jagte? Ich flüchte vor meinen trügerischen Erinnerungen, da sie mein Herz verdorren lassen. Doch ich will mit einem strahlenden Herzen vor dich treten wie ein Kind, meine Geliebte ...«

Darunter die Unterschrift seines Vaters und eine Widmung, die ihm unerträglich hohl erschien:

»Für einen Engel, der nicht mehr fliegt.«

Eines Tages kam der Herr Notar und überbrachte ihm den Scheck persönlich: »Dein Vater liegt im Sterben. Möchtest du ihn sehen?« Tomàs dachte an die Dachterrasse und an die Decke über den Knien. Dann schüttelte er den Kopf und nieste, zum ersten Mal in einer langen, langen Reihe.

Er hörte auf zu reden.

»Das ist mal ein Mann, der sich von seiner Liebe nie abbringen ließ.« In Morenas Augen schimmerten Tränen.

»Jetzt verwechsle du nicht auch noch Liebe mit Besessenheit! Männer aus Fels und Stein wie mein Vater sind in Wirklichkeit Windbeutel. Die Frauen lassen sich von ihrer Kraft beeindrucken, nur um sich später über ihre Härte zu beschweren. Am Ende wollen sie von den harten Männern nämlich dieselbe Aufmerksamkeit wie von den Herren, mit denen sie vorher zusammen waren.«

»Das sagst du doch nur, weil du auch gerne so gewesen wärst.«

»Das stimmt nicht. Die harten Männer sind selten im Einklang mit sich selbst. Mein Vater hatte all seine Kraft von meiner Mutter. Als sie starb, war er verloren, also versuchte er, die Zeit anzuhalten. Sich zu bestrafen. Und mich auch, der ich ihn an sie erinnerte. Wenn er mich gebeten hätte, mein Gesicht hinter einer Maske zu verstecken, ich hätte es getan.«

»Vielleicht hast du das ja auch, glaubst du nicht?« Morena fuhr ihm mit den Fingern durchs verwuschelte Haar. »Hast du ihn wirklich auf dem Sterbebett allein gelassen?«

»Ich hatte keine Gelegenheit mehr, meine Meinung zu ändern. Eine Woche später war er schon auf dem Weg zu meiner Mutter. ›Ich weiß, dass du mich erwartest …‹, waren seine letzten Worte. Zumindest haben die Krankenschwestern das behauptet. Nun liegen sie beide unter der Erde. Und was ihre Seelen angeht, so hoffe ich, dass auch sie sich irgendwo miteinander verbunden haben.«

»Und was ist aus dem Hotel geworden?«

»In seinem Testament hatte mein Vater verfügt, dass eine Klinik für unheilbar liebeskranke Menschen daraus werden soll.«

»Und wie steht der neue Eigentümer dazu?«

»Der neue Eigentümer bin ich. Aber ich habe mich nie darum gekümmert. Ich habe einen ausgezeichneten Geschäftsführer.«

»Aber du hast es nicht verkauft«, stellte Morena zufrieden fest.

»Eine Zeit lang hätte ich das auch gar nicht gedurft. Ich glaube aber, dass die Sperrfrist langsam abläuft.«

»Wirst du es denn verkaufen, falls du je nach Hause zurückkommen solltest?«

»Fällt dir etwas Besseres ein?«

»Du könntest den Beruf wechseln und ans Meer ziehen. Und den Ärzten dort helfen.«

»Ich habe meinen Abschluss ja nicht in Psychologie der Liebe gemacht.«

»Das hat niemand!«

»Ich könnte höchstens als Patient dorthin gehen.«

»Das wäre doch schon etwas.«

Tomàs erschauderte. Prompt fiel ihm auch wieder ein, dass er noch nass war.

»Sei deinem Vater doch dankbar. Immerhin hat er dir gezeigt, was die Liebe ist«, sagte Morena.

»Er hat mich gelehrt, Angst davor zu haben. Die Liebe ist ein Ungeheuer, das dein Herz auffrisst und dann verschwindet. Oder es springt dir, wie in seinem Fall, an die Kehle und reißt dir das Fleisch von den Knochen.«

»Bist du deshalb auf der Flucht vor dem Leben?«

»Und du? Oder bist du deinem ewig betrunkenen und gewalttätigen Vater etwa dankbar?«

»Wenn er nicht solch ein Ungeheuer gewesen wäre, hätte ich nie die Kraft gehabt, ich selbst zu werden.«

»Mit einem Argument wie diesem kannst du jede Schweinerei rechtfertigen.«

»Nur solche, die dich in deinem Wachstum unterstützen. Los, komm schon. Bedank dich bei ihm.«

»Hör endlich auf mit dieser Leier. Er war ein schwacher Mensch, der in meiner Fantasie zum Helden wurde. Er hat getan, was er konnte, und er hat mich geliebt, wie er konnte.«

»Du hast dich immer noch nicht bedankt, Tomàs.«

»Ich versuche doch schon, mich in seine Lage zu versetzen und ihm zu verzeihen. Ich danke aber lieber den Frauen. Vor allem denen, die ich verletzt habe. Und die mich verletzt haben. Die Letzte hat mir wieder Hoffnung gegeben, ohne sie wäre ich heute woanders. Dabei ist dies hier der einzige Ort, an dem ich wirklich sein möchte. Hier, auf diesem Felsen.«

Nachdem er Arianna eines so edelmütigen Gedankens gewürdigt hatte, war sein Gewissen schon leichter. Er legte Morena einen Arm um die Taille und zog sie an sich.

Sie lehnte den Kopf an seine Schulter.

»Ich danke dir auch, denn jedes Mal, wenn ich zu erfrieren glaubte, habe ich mir gewünscht, dass mir jemand den Arm um die Taille legt und mich an sich zieht.«

So kuschelten sie sich dankbar aneinander, und die Sonne gewann endlich an wärmender Kraft.

XXXV

Die Zeit verstrich. Aus dem Abend wurde Nacht, aus der Nacht wurde Morgen. Morena und Tomàs betrachteten das leere Wasserbecken unter ihnen. Auf dem Boden wuchsen Seerosen, die ein feiner weißer Staub bedeckte. In den ersten Sonnenstrahlen löste er sich auf, kullerte Tropfen für Tropfen in das Becken und füllte es bis zum Rand mit Tau.

Die beiden ließen sich in diesen Feenteich fallen. Eine unbändige Energie erfasste sie, als hätten sie tausend Drachen verschlungen oder tausend Meisterwerke bewundert. Aus Düsen zu beiden Seiten des Beckens schossen Wasserstrahlen und perlten auf ihrer Haut.

»Die Taumassage zeigt den Verliebten ihre Zukunft«, verkündete Noah, der plötzlich auf der Lichtung auftauchte.

»Nichts und niemand kann die Zukunft zeigen«, widersprach Tomàs, den diese Vorstellung mit Angst erfüllte.

»Was redest du denn da?«, unterbrach ihn Morena. »Die Zukunft existiert doch längst.«

»Typisch weibliche Logik. Wenn nur die Liebenden die Zukunftsform der Verben beherrschen, heißt das, dass die Zukunft in der Zukunft liegt. Sonst gäbe es ja keine Liebenden.«

»Typisch männliche Logik. Die Liebenden finden sich in der Zeit der Liebe, einer ewigen Gegenwart. Hat Lys dir das nicht erklärt, als sie dich im Wasser gewiegt hat? Im wahren Leben geschieht alles zur selben Zeit.«

»Demnach wäre das Leben, das wir kennen, nicht wahr?«

»Es ist nur zum Üben da. Wahr wird es erst, wenn wir uns lieben.«

Tomàs hätte ihr gerne geantwortet, doch die Taumassage war so intensiv, dass er das Bewusstsein verlor. Er sah sich auf einem Sofa sitzen, unter riesigen Porträts von Morena. Mit einem Mal wusste er, dass er in einen Tag eingetaucht war, der irgendwo schon existierte, obwohl er ihn noch nicht gelebt hatte. Und schon begann er, in der Zukunftsform zu sprechen.

»Ich werde in ihrem Haus sein. Sie wird sich neben mich setzen und den Kopf an meine Schulter lehnen. Wie immer werde ich weglaufen wollen, doch dieses Mal wird das Niesen im Keim erstickt. Ich werde sie an mich ziehen. Unsere Körper werden sich zu Anfang noch schüchtern umfassen, bis sie irgendwann eins werden. In fließenden Bewegungen werden sie auf dem Karussell der Lüste entfliehen, wo wir für einen Augenblick das Wesen der Dinge begreifen werden.«

Tomàs bewegte sich durch das Sonnenbecken wie ein Schlafwandler. Die Taustrahlen bearbeiteten nun nicht mehr seine Wirbelsäule, sondern seine Halsmuskeln.

»Wir werden immer auf demselben Sofa sein. Ich werde sitzen, sie wird liegen. Sie wird den Kopf an meine Brust betten, und ihre Hand wird ins Leere gleiten. Gemeinsam werden wir auf dem Globus nach einem Ort suchen, der noch unbekannt ist, damit wir gemeinsam den Rausch der Entdeckung genießen können. Ich werde ein Atoll inmitten des Ozeans vorschlagen. Sie wird natürlich nicht einverstanden sein, weil sie lieber in eine Oase in der Wüste möchte. Am Ende werden wir uns darauf einigen, dort zu bleiben, wo wir sind: in einer schönen Stadtwohnung. Die Badewanne wird unser Ozean sein, der rosarote Teppich unsere Wüste. Wir werden uns in die Windungen des Körpers versenken, nur um dann wieder heftige Diskussionen zu führen. Und wir werden uns jene Dinge sagen, die sich Liebende stets nur ins Ohr flüstern.«

Schließlich wagte Tomàs einen weiteren Schritt im Sonnenbecken. Statt auf die Halsmuskeln prallte der Taustrahl nun auf die des Bauches. Die Zukunft erwartete ihn wie immer auf dem Sofa. Er saß da und trommelte nervös mit den Fingern auf die Lehne. Viel Zeit war vergangen, seit sie sich kennengelernt hatten. Die Patina, die auf ihrer Liebe nun lag, kannten sie beide zur Genüge.

»Morena wird mit verschränkten Armen vor mir stehen. Ich werde ihr vorwerfen, dass sie ewig mit diesem Kerl mit der unangenehmen Stimme telefoniert hat. Sie wird zurückgeben, dass sie eifersüchtige Männer schon immer albern fand. Ich werde ihr vorwerfen, dass sie mit ihrer offenherzigen Art allen Männern Hoffnungen mache und ich das nicht länger hinnehmen werde. Sie wird mir beleidigt eine Ohrfeige verpassen, um dann in Tränen auszubrechen, als hätte ich ihr die Ohrfeige gegeben. Wütend werden unsere Körper aufeinander losgehen, sich ineinanderkrallen und einen trügerischen Frieden schließen.«

Die Bauchmassage fand ein Ende. Tomàs blieb reglos stehen. Er wusste, dass der nächste Blick in die Zukunft ihm nur Unangenehmes bescheren konnte. Schon schoss allerdings unter seinen Fußsohlen ein Taustrahl hervor, und Tomàs musste sich festhalten, damit er nicht das Gleichgewicht verlor.

»Ich werde auf dem Sofa sitzen und ein Taschentuch in der Hand halten, um das Niesen zu ersticken. Morena wird in der Tür stehen – in Minirock, hohen Stiefeln und Ledermantel. Ihr unterwürfiger Blick wird so gar nicht zu ihrer kriegerischen Aufmachung passen. Sie wird mir sagen, dass Mokò zurückgekehrt sei, der Regisseur und Säufer, und ihr alles versprechen werde, was sie sich immer gewünscht habe: die Ehe, ein Kind, einen guten Film. Dann wird sie hinzufügen, dass ihr Ex sie in ein vegetarisches Restaurant eingeladen und sie angenommen habe. ›Das bin ich ihm einfach schuldig‹, wird sie murmeln. ›Diesem Zombie schuldest du gar nichts‹, werde ich antworten, doch Morena wird mich nicht hören, weil sie die Tür schon hinter sich geschlossen hat.«

Tomàs klammerte sich an den Beckenrand. Er versuchte, die Zukunft zu beschleunigen, doch der Taustrahl unter seinen Füßen erlaubte es ihm nicht, sich vom Beckenboden zu lösen. Er musste die Geschichte bis zum Ende durchstehen.

»Wieder werde ich auf dem Sofa sitzen. Allein. Ich werde denken, dass ich in der Liebe noch nie eine Vorliebe für Dreiecksgeschichten oder andere geometrische Verrenkungen hatte, da ich es schon schwierig genug fand, eine gerade Linie zwischen mir und einem anderen Menschen zu ziehen. Die Angst, verlassen zu werden, wird mich packen. Ich werde es nicht fassen, dass ein ewiger Flüchtling wie ich sich einmal mehr auf eine Beziehung eingelassen hat, deren Ende absehbar gewesen war. Doch an diesem Punkt werde ich nicht mehr zurückkönnen. Eifersucht und verletzter Stolz werden mich zum Gegenangriff treiben. Ich werde es wissen wollen. Ich werde es begreifen wollen. Ich werde etwas tun wollen. Aber was? Ist es denn möglich, dass es plötzlich nicht mehr genügen soll, sie zu lieben?«

Schließlich schaffte es Tomàs, sich dem Gegendruck des Wassers zu entziehen, und trat einen Schritt zurück. Er sah sich um und merkte, dass er allein war. Irgendjemand hatte die Düsen abgedreht und Morena und seine Zukunft mit sich genommen.

XXXVI

Tomàs kletterte wieder auf den Felsen der Dankbarkeit zurück und verspürte das verzweifelte Bedürfnis, mit irgendjemandem zu reden. Sein Blick fiel auf eine Eidechse, die sich an den Felsen klammerte. Sie war leuchtend grün wie alles, was sich von der Sonne nährt, während ihre Drachenaugen so leer wirkten, als blickten sie in eine andere Dimension. Sicher war die Eidechse ein dankbarer Zuhörer.

»Ich war gerade in meiner Zukunft«, erzählte Tomàs. »Ich habe es tatsächlich geschafft, mit einer Frau zusammen zu sein, ohne zu niesen. Dann hat sie mich allerdings verlassen, um sich wieder mit ihrem Ex-Liebhaber zusammenzutun.«

Die Eidechse rührte sich nicht. Ihre feuchten Augen wirkten aufmerksam. Irgendwie erinnerten sie Tomàs an Doktor Bo.

»Ich weiß nicht, ob dich schon einmal jemand verlassen hat«, fuhr Tomàs fort. »Das ist, als würde tief im Innern etwas reißen. Die Trennung wird zur Qual, in die sich auch noch die Angst mischt, nie wieder jemanden zu finden, der dem verlorenen Menschen gleicht.«

Er dachte an seinen Vater, der in seinem Sessel versunken war und aufs Meer hinaus blickte. Um das Bild zu verscheuchen, begann er, immer im Kreis um die Eidechse herumzuschreiten.

»Schau mich an. Ich bin schon ganz hysterisch, weil ich denke, es ist meine Aufgabe, den von ihr verursachten Riss zu flicken. Ich müsste ruhig bleiben, ich weiß, aber manchmal ist innere Ruhe gleichbedeutend mit Kapitulation. Nichts zu tun heißt leiden, und zwar sofort. Wenn man hingegen tätig wird, droht der Schmerz, immer wieder unvermittelt über einen hereinzubrechen. Da man ihn auf einen längeren Zeitraum verteilt, ist er allerdings leichter zu ertragen.«

Er hielt inne. Ihm war etwas eingefallen.

»Wenn die Taumassage wieder anfängt, werde ich wieder Verben in der Zukunftsform benutzen, doch dieses Mal werde ich nicht einfach auf dem Sofa sitzen bleiben. Ich werde die beiden im Restaurant aufsuchen. Ich werde Morena beiseitenehmen und ihr sagen … Nichts. Ich werde ihr gar nichts sagen. Ich werde ihr nur in die Augen sehen. In der Liebe sind es die Gesten, die zählen, nicht die Worte. Wenn es zu Problemen kommt, hören die Menschen auf, sich zu lieben, und reden nur noch darüber.«

Auch Tomàs redete und redete, ohne ein Ende zu finden. Seine Zuhörerin lauschte, ohne ihn zu unterbrechen, auch wenn sie ständig etwas sagen zu wollen schien.

Plötzlich brummte etwas über ihnen. Die Eidechse ließ ihre Zunge herausschnellen, schnappte sich das Insekt, verschlang es und nahm wieder ihre unbewegliche Haltung ein. Ihre verschwommenen Augen starrten wieder in die Ferne, als blickten sie in eine andere Dimension.

Die Verteidigung der Niederlage, hatte sie ihn daran erinnern wollen? Offensichtlich fühlte sie ebenfalls einen Riss im Innern, auch wenn er bei ihr vom Hunger kam. Anders als jene Tiere allerdings, die sich auf die Suche nach Nahrung machten, hatte sie sich auf den Rhythmus des Universums verlassen, war auf dem Felsen sitzen geblieben und hatte aufmerksam gewartet.

Tomàs verneigte sich vor der Weisheit der Reptilien. Die Hoffnung, dass hektischer Aktionismus etwas an einer verfahrenen Situation ändern könne, war eine der Fallen der Liebe. Hätte Morena ihn im Restaurant gesehen, hätte sie vermutlich keine Sehnsucht nach ihm empfunden, sondern sich nur eingeengt gefühlt. Und er hätte sie dafür gehasst, dass er sich lächerlich vorkommen musste.

Die Liebe ist ein Tanz, bei dem die Liebenden nicht notwendigerweise die gleichen Schritte tun müssen, doch sie müssen die Schritte gemeinsam tun. Wenn einer stehen bleibt und der andere weitertanzt, tritt man sich nur auf die Füße und verliert sich schließlich ganz. Morena war stehen geblieben? Das hätte er auch tun sollen. Er hätte ihr die Zeit geben müssen, mit ihrer Vergangenheit abzuschließen und auf die Tanzfläche zurückzukehren. In dieser Situation Mut zu beweisen, hieß, ruhig zu bleiben, bis der Takt der Musik sich ändert.

Tomàs legte sich neben die Eidechse. Er wartete, bis es dunkel und dann wieder hell wurde. Kaum aber erhob er sich, spürte er einen Schmerz im Innern, als hätte sich dort etwas breitgemacht, das nicht dorthin gehörte. Wunden schmerzen am Tag danach immer stärker. Das gilt auch für die Wunden der Liebe.

Und so ließ er sich erneut in das Sonnenbecken gleiten, wo er darauf wartete, dass die Massagestrahlen ihn erfassten. Stattdessen aber sah er Noah am Beckenrand auftauchen.

»Wenn du fortfahren möchtest, musst du da unten hindurch«, verkündete er und zeigte auf eine winzige Öffnung am Fuße des Felsens.

Tomàs war sich gar nicht mehr sicher, ob er fortfahren wollte. Liebesgeschichten mit mehr als zwei Beteiligten schmeicheln zwar dem Gefühl für die heldenhaften Dimensionen der Existenz, gleichzeitig verliert man sich aber in taktischen Winkelzügen und wird davon abgehalten, sich vor sich selbst Rechenschaft abzulegen. Oder wie er es einmal in einer Erzählung geschrieben hatte, die schließlich zusammengeknüllt im Papierkorb gelandet war: »Die richtige Person ist keine Beute, die man jemandem entreißen muss, sondern ein Geschöpf, das in schicksalhafter Entschiedenheit den Garten unseres Lebens betritt.«

Er beschloss, nicht fortzufahren. Als er diesen Entschluss jedoch gefasst hatte, spürte er den Schmerz der Trennung erneut in seinen Eingeweiden wühlen. Sosehr er sich dagegen zu wehren versuchte, es reichte nicht aus, sich zu sagen, dass er auch mit Morena eines Tages im Bett landen würde, nur um dort fernzusehen. Er stellte sie sich in grotesken Situationen vor, die ihm aber allesamt plötzlich wunderbar erschienen. Auch die üblichen Phrasen zogen nicht: »Lass gut sein. Es ist vorbei.« Die Liebe folgt denselben strengen Regeln wie die Mathematik, doch das unerfüllte Begehren verabscheut es, im Unrecht zu sein, und so finden verzweifelte Herzen immer eine Ausnahme, in der sie sich einnisten können.

Der Gedanke, Morena könne sich mit einem anderen im Bett wälzen, überrollte ihn mit überwältigender Macht. Tomàs brauchte ein Ziel, gegen das er seine Wut richten konnte.

Mokò, der Ex-Liebhaber und Immer-noch-Säufer, der Vorstandsvorsitzende der Arrogant&Unsensibel GmbH. Der war doch sicher nicht plötzlich ein Heiliger geworden. Seine scheinbare Bekehrung wurde von einem untrüglichen Instinkt gesteuert: Er hatte gewittert, dass die Frau, die er so vollkommen unter Kontrolle zu haben glaubte, bereit war, ihre Freiheit zurückzufordern. Wie viele solcher Rowdys hatte Tomàs in seinem Leben nicht gekannt? Sie verschwanden und kamen zurück, nur um am Ende, wenn die Gefahr vorüber war, wieder abzutauchen. Und bei alledem führten sie sich auf, als hätten sie die alleinigen Eigentumsrechte.

Dieser fette Flegel besaß immer noch die Schlüssel zu Morenas Herzen und wollte es erneut ausplündern. Aber er, Tomàs, würde sich nicht kampflos ergeben. Die Richtige ist keine Morgengabe, sondern ein Preis, den es zu gewinnen gilt. Wenn sich die Kräfte des Universums gegen uns zu verschwören scheinen, dann nicht, um uns von unserem Ziel abzubringen, sondern um uns klarzumachen, wie wichtig dieses Ziel für uns ist. Auch wenn er in seiner zusammengeknüllten Geschichte das Gegenteil behauptet hatte, der Papierkorb würde ihn schon nicht verraten.

Und so wandte er sich der kreisförmigen Öffnung am Grunde des Felsens zu und stürzte sich todesmutig hinein. Eiskaltes Wasser schlug über ihm zusammen, und gleißender Tau schoss ihm direkt in die Augen. Jeder Tropfen war eine Nadel und jede Nadel ein Wort aus einer uralten Sprache, die er gut kannte, obwohl er sie nie gehört, noch je gesprochen hatte. Es war die Sprache der Herzen, und sie offenbarte ihm, dass Morena nie richtig über ihren Ex hinweggekommen war, so wie sie es ihm in der Grotte des Wir auch mitgeteilt hatte. Er hatte vorgezogen, es zu vergessen, denn wer versteht schon gern die Signale, die unseren Wünschen zuwiderlaufen?

Tomàs streckte die Arme aus. Seine Hände berührten die von Morena, die von der anderen Seite des Felsens kam. Sie war klatschnass und zitterte.

XXXVII

»Hast du mir nichts zu sagen?«, fuhr Tomàs sie an, weil sein Herz immer noch aufgewühlt war. Sie hatten sich auf den Felsen der Dankbarkeit gerettet.

»Doch, so einiges. Aber zuerst möchte ich hören, was du mir zu sagen hast.«

Überrascht und auch ein wenig beunruhigt, weil sie sich plötzlich für ihre Mitmenschen interessierte, erzählte er ihr von der Zukunft, die er gesehen hatte: die Übereinkunft der Körper, die gemeinsamen Projekte, die erste Krise, die Rückkehr des Ex.

Morena hörte ihm zu, ohne ihn zu unterbrechen. Dann lächelte sie zufrieden, was nichts Gutes verheißen konnte.

»Bin ich jetzt dran? Nun, bei den ersten Massagestrahlen habe ich unsere Zukunft gesehen. Wir werden leidenschaftlich umschlungen auf dem Sofa in meinem Wohnzimmer liegen. Ich werde lernen, Vertrauen zu haben, du wirst nicht mehr weglaufen. Doch sobald der Strahl zu den Halsmuskeln wandert, wird sich Mokò wieder melden, der Regisseur.«

»Der Säufer.«

»Er hat zu trinken aufgehört und angefangen, Wünsche zu haben. Und er wünscht nichts, als mich glücklich zu machen. Er wird mich in ein vegetarisches Restaurant einladen, und ich werde hingehen. Das bin ich ihm schuldig.«

»Diesem Zombie schuldest du gar nichts.«

»Das Abendessen wird schrecklich sein. Ich werde ihm von dir erzählen, und er wird mir eine Eifersuchtsszene machen. Ich werde verwirrt nach Hause zurückkehren. Dort werden wir uns lieben.«

»Du und er?«

»Ich und du, Dummkopf. Aber in den Wochen darauf werde ich immer stärker ins Zweifeln geraten. Ob richtig oder falsch, Mokò war die große Liebe meines Lebens. Bei der Bauchmassage werde ich merken, dass ich ihm noch eine Chance geben muss. Dass er einen Sinneswandel durchgemacht hat, wird meine Rachegelüste besänftigen, und wir werden uns wieder zusammentun.«

»Willkommen im Haifischmaul.«

»Warte. Ich werde ihn mit meiner Sekretärin erwischen. Du hattest Recht, mich vor ihr zu warnen. Anfangs wird er alles leugnen, dann wird er mich auf Knien um Vergebung anflehen. Aber ich werde ihm nicht mehr glauben. Mein ganzes Leben habe ich damit zugebracht, mir einzubilden, er sei der Richtige. Das Dumme ist, dass jemand nicht nur deshalb der Richtige ist, weil man sich das wünscht.«

»Hat man uns nicht erklärt, dass Wünsche die Wirklichkeit verändern können?«

»Aber nicht die falschen. Irgendetwas in mir ist kaputtgegangen bei dieser Geschichte, und dieses Mal wird es für immer sein. Allein schon beim Gedanken an Mokò wird mir schlecht werden … Ist dir das auch aufgefallen, dass man ein Laster erst dann richtig los ist, wenn einem beim bloßen Gedanken daran schon schlecht wird. Und so werde ich zu dir zurückkehren.«

»Wo werde ich in der Zwischenzeit abgeblieben sein?«

»Du hast dich wie ein Mann benommen. Du hast meine Entscheidung ohne Wenn und Aber akzeptiert und die Niederlage mit Würde genommen. Du hast aufgehört, mir nachzulaufen, und ich habe gemerkt, wie sehr du mir fehlst.«

»Was für eine kluge Strategie.«

»Bilde dir bloß nichts darauf ein, denn der Massagestrahl von unten kommt erst noch … Wir werden von neuem ein Paar, aber es wird nicht funktionieren. Wir sind zu verschieden.«

»Das habe ich doch irgendwo schon einmal gehört.«

»Ich spreche die Sprache der Aufrichtigkeit. Du bist ein Mann, der mich anregt, aber ich möchte einen, der mir Grenzen setzt. Du bist die Brücke zwischen den beiden Ufern meines Lebens, und kein Mensch kann sein Leben auf einer Brücke verbringen. Ich werde dich aber immer gernhaben, weil wir uns viel gegeben haben.«

»Will sagen: Ich liebe dich – mindestens so wie meinen Hamster.«

»Du hast etwas Besseres verdient.«

»Will sagen: Such dir eine andere, die dich erträgt, und geh mir nicht auf die Nerven.«

»Ich habe dich mit einer anderen Frau gesehen. Sie hatte dunkles Haar, hohe Wangenknochen und ausgesprochen lange Beine … Nicht so schön wie meine, aber fast. Ein kämpferisches Mädchen, das mit beiden Beinen fest in den Wolken steht. Sie wird dich in Welten einführen, die sie bereits kennt, in denen sie aber ohne dich nicht mehr leben kann.«

»So eine Frau kenne ich nicht, meine Liebe.«

»Das ist nur eines der möglichen Zukunftsszenarien. Du kannst es leben oder es sein lassen.«

»Und wenn ich mit dir leben möchte?«

»Ein anderer Mensch ist noch nicht der Richtige, nur weil man sich das wünscht.«

Morena überreichte ihm einen Umschlag.

»Das ist vom Wasserheiler. Er meint, das letzte Stück des Weges müsse jeder von uns alleine gehen. Aber ich bin mir sicher, dass wir uns wiedersehen. Vielleicht auf der Titelseite einer Zeitschrift.«

»Bescheiden wie immer, was? Ich werde *Die Tochter des Haifischs* einschalten, wann immer eine Folge ausgestrahlt wird. Versprochen.«

»Und *ich* werde damit aufhören. Versprochen.«

Das *ich* war ganz anders aus ihrem Mund gekommen als sonst – wie ein Pfeil, der ins Schwarze traf.

Um den Abschiedsschmerz zu lindern, strich Morena Tomàs übers Haar und stürzte sich dann schnell ins Wasser. Mit wenigen Zügen war sie am Beckenrand, hüllte sich in ihren Bademantel und verschwand über die Lichtung, ohne sich noch einmal umzudrehen.

Tomàs spürte wieder das Loch in der Magengrube. Den Umschlag hielt er noch in den Händen. Er riss ihn an einer Ecke auf und steckte den Zeigefinger hinein. Amüsiert fragte er sich, was er wohl tun würde, wenn es ein Liebesbrief von der Frau wäre, die ihn soeben wie einen Sack Müll auf dem Felsen der Dankbarkeit hatte stehen lassen.

Das war natürlich Unsinn. Es war nur die Fee mit dem blauen Haar.

… hast du etwa vergessen … ? …

Der Tee des Mutes

Bei dem Tomàs die Wahrheit über die Fee mit dem blauen Haar, den Geschichtenerzähler und sein eigenes Talent erfährt.

XXXVIII

Tomàs verließ den Felsen ebenfalls und marschierte zum Kreuzgang, der in der Sonne lag. Im Grunde war er noch verwirrter als damals, als er zum ersten Mal dort angekommen war.

Die Bäume, die bei seiner Ankunft kahl gewesen waren, bogen sich jetzt unter der Last der Früchte. Er schlenderte durch ein irdisches Paradies, und trotzdem war er niedergeschlagen.

Aber wie an jenem Weihnachtstag vor so vielen Jahren legte sich auch jetzt eine Hand auf seine Schulter. Sie gehörte dem Geschichtenerzähler, der in der anderen Hand das Tablett hielt. Neben den Büchern mit dem hellen Einband stand nun nur noch eine Tasse.

»Du brauchst dich nicht verloren zu fühlen. Alles ist vollkommen und gerecht.«

Tomàs hätte schreien mögen. Stattdessen umarmte er den Geschichtenerzähler.

»Dieses Chaos soll vollkommen und gerecht sein?«

»Die Menschen legen ein sinnloses Maß ans Leben an. Das Universum aber kennt nur ein Gesetz: die Liebe.«

»Ich leide. Alle leiden. Und dieses riesige Versehrtenhaus nennst du Liebe?«

»Sieh dich um. Es ist Sommersonnwende. Die Natur ist ein Fest, das all jene zum Schmaus lädt, die in der kalten Jahreszeit nicht geruht haben. Du hast viel erreicht. Jetzt ist der Moment gekommen, es der Welt zu zeigen.«

Tomàs öffnete den Mund, um etwas zu sagen, aber Andrea kam ihm zuvor.

»Fühl doch nur die Harmonie. Störe sie nicht, wenn das, was du zu sagen hast, nicht schöner ist als sie.«

»Aber die Stille macht mir Angst.«

»Gehörst du vielleicht zu jenen oberflächlichen Zeitgenossen, die sogar auf Beerdigungen klatschen, damit sie nicht zuhören müssen?«

»Ich gehöre zu den Typen, die erst gar nicht auf Beerdigungen gehen.«

»Du scheinst etwas vergessen zu haben. Reden ist die Sprache der Menschen, Kunst jene der Engel, das Schweigen aber ist die Sprache Gottes. Das Schweigen ist eine Sprache, die vielerorts gehört wird – in Mythen und Legenden, heiligen Texten und Märchen.«

»In den Märchen verbirgt sich die Sprache Gottes?«

Andrea antwortete nicht gleich. Stattdessen schlug er eines der hellen Bücher auf.

»Der rebellierende Geist drängt nach Leben: tausendfach fällt er, tausendfach erhebt er sich wieder, bis seine Seele ihm endlich einen Körper gibt.«

»Das verstehe ich nicht.«

»Es war einmal eine Holzpuppe, die vom Schicksal zahllosen Prüfungen unterzogen wurde. Bis die Fee mit dem blauen Haar ihr half und einen Jungen aus ihr machte.«

»Pinocchio!«

»Die Seele hat einen Feind, das Ego, das sie vernichten will. Doch sie rettet sich durch die sieben Tore des Körpers. Und ihr Wort wird den Geist anziehen.«

»Das ist zu schwierig.«

»Schneewittchen entkam der bösen Stiefmutter, bei den sieben Zwergen fand sie dann ihr Glück, und ein Prinz verliebte sich in sie.«

»Genial ...«

»Die Seele lag in tiefem Schlaf, kalt wie der Körper. Doch der unsterbliche Geist erweckte sie und erwählte sie zu seiner Gemahlin.«

»Dornröschen, die vom Prinzen geküsst wird! Die Geschichte wiederholt sich ...«

»Über tausend Straßen geht die Wahrheit, die der Reisende sucht, und doch führen alle zu demselben Ziel: die Liebe.«

»Wäre es dann nicht besser, sie endlich aller sprachlichen Bilder zu entkleiden, damit die Menschheit sie besser sehen kann?«

»Wer im Dunkeln steht, den blendet das Licht. Daher müssen die verhüllenden Schleier mit sachter Hand entfernt werden, einer nach dem anderen. Nur wer den Schmerz überwunden hat, kann das wahre Gesicht der Liebe sehen.«

Eingehend musterte Tomàs den Geschichtenerzähler. Er stellte sich vor, wie er sich in diesem Körper und mit diesen Gedanken fühlen würde. Mit dieser seltsamen Stimme, die mitunter eine männliche, mitunter eine weibliche Färbung annahm. Mit diesen Zügen von Mann und Frau zugleich.

»Wenn alle Märchenfiguren letztlich nur eine Gestalt verkörpern, dann ist auch die Liebe …«

Der Geschichtenerzähler lächelte.

»Du bist … die Liebe!«, schrie Tomàs auf.

»Mein Name ist Androgyno. Der, der die Liebe in sich erweckt, indem er das Männliche und das Weibliche im Herzen vereint. Ich bin die Sonne und der Mond, bin Brot und Wein, Licht und Schatten. Ich bin das Klare und das Undurchlässige, das Meer und die Sterne, der Untertan und der Herr. Das Eine, das ihr als Zweiheit erschafft, erschaffe ich in mir.«

»Wer hat dir diese Macht geschenkt?«

»Das ist keine Macht, sondern eine Möglichkeit. Wer immer sich entwickelt, kann sie ergreifen.«

»Soll das heißen, dass auch ich bald wie eine Amphore aussehe?«

»Mein Aussehen entspricht vielleicht nicht deinem Idealbild, aber es soll dir sagen, dass jeder etwas Besonderes sein kann. Du wirst zum Wunderkind, sobald du deinen Weg gefunden hast. Hast du erst dein Talent erkannt, wirst du nicht mehr wissen, was Angst ist.«

»Mein Talent ist es, mich in die Lage anderer versetzen zu können«, flüsterte Tomàs und wusste, dass er es im selben Moment, da es ihm rausgerutscht war, begriffen hatte.

»Endlich hast du deinen Weg gefunden: Du vermagst die Welt aus allen möglichen Blickwinkeln zu sehen.«

»Aber wenn ich mich in die Lage anderer Menschen versetzen will, muss ich das Leben doch sehen wie sie. Das ist unmöglich.«

»Nicht wie sie, sondern mit ihnen. Das nennt sich Mitgefühl und ist die Gabe, die dir helfen wird, deine Aufgabe zu erfüllen.«

»Und was wäre meine Aufgabe?«

»Es ist nicht an mir, das zu beantworten. Deine Aufgabe musst du schon selbst entdecken.«

Mit diesen Worten goss er Tomàs eine grüne Flüssigkeit in die Tasse.

»Das ist Eisenkraut. Ich habe es in der Sommersonnwendnacht gepflückt, wenn sich die Energie von Mutter Erde im Feuer sammelt und den Menschen heiligt, der weise geworden ist und nun die grenzenlose Macht des Mutes empfängt.«

Andrea nahm ein anderes helles Buch zur Hand und begann, eine Geschichte zu er-singen.

XXXIX

Die Ballade von Salvatore

Er sagte immer: »Wenn jemand um Hilfe schreit,
überleg nicht lange, eil hin!«

Er war so alt wie der Herr
und hieß »der Retter« wie er.
Salvatore hatte eine Verlobte,
eine Francesca, die er heiraten wollte.

Er hatte auch einen großen Hund,
mit dem er des Morgens zum Fluss hinabging.
Da hört er plötzlich den Schrei eines Kindes:
»Hilfe, ich kann nicht schwimmen, ich ertrinke!«

Der Vater des Kleinen springt schon in die Fluten,
ein Asylbewerber, dem gar grässlich zumute.
Gemeinsam mit ihm springt eine Frau,
doch die Strömung verschlingt alle Drei,

Das Kind, die Frau, den Asylbewerber.
Salvatore kennt sie alle nicht näher.

Er weiß nur, wenn jemand um Hilfe schreit,
dann denkt man nicht viel, sondern eilt.

In den eisigen Fluss stürzt er sich wacker
und bringt alle Opfer sicher ins Trockene,
er rettet das Kind und dann die Frau,
und schließlich den Mann, der mühsam schnauft.

Nur Salvatore bleibt im Wasser zurück.
Die Liebe hat zu viel Kraft geschluckt.
In seine Arme nimmt ihn der Tod
und zieht ihn für immer mit sich fort.

Jedes Abenteuer hat seine Sprache.
Hier redet es vom Mut der Schwachen,
der sich verausgabt und niemanden schont
und doch in den Herzen auf ewig wohnt.

Der sich verausgabt und niemanden schont
und doch in den Herzen auf ewig wohnt.

Tomàs hob den Blick von seiner nunmehr leeren Tasse und sah Androgyno an. Eine Welle der Freude schien gegen die Gestade seines Herzens zu branden, eine Welle, die sich immer höher auftürmte, alle anderen Gefühle unter sich begrub und schließlich in einen gleißenden Schwall zerbarst, aus dem ihm das Echo von Ariannas Stimme entgegenhallte.

»Was war das denn?«

»Du hattest eine Vision, die dir für immer im Gedächtnis bleiben wird. Ein Krieger muss nämlich wissen, wofür er kämpft, bevor er in die Schlacht zieht.«

Der Geschichtenerzähler hakte sich bei ihm unter. Gemeinsam schlugen sie den Weg zum Drachenbecken ein, aus dem Tomàs schon einmal zu fliehen versucht hatte. Um die beiden Flamingos, die auf einem Bein standen und schliefen, machten sie einen Bogen und blieben dann vor dem wasserspeienden Drachen stehen. Im Moment spritzte nur ein dünnes Rinnsal aus seinen Nasenlöchern. Andrea forderte Tomàs auf, davon zu trinken.

»Verdammt bitter«, sagte Tomàs, nachdem er einen Schluck genommen hatte.

»Das Drachenbecken hat unendliche Macht. Es wird von den Tränen derer gespeist, die darin gebadet haben. Nun bist aber du an der Reihe, denn meine Aufgabe ist erfüllt. Du hast dein Talent gefunden und bist nicht mehr allein und verängstigt. Hier wirst du dich einer weiteren Aufgabe stellen müssen, die dir unter die Haut gehen wird. Vergiss nicht: Sei demütig, denn aus Staub bist du gemacht, doch zeige dich auch edelmütig, denn du kommst von den Sternen.«

Das Drachenbecken

Wo Tomàs sich in einem Labyrinth verirrt
und ihm ein Märchen, das er nie zu Ende gehört hat,
den Ausgang zeigt.

XL

Sobald Androgyno verschwunden war, wuchsen dem Drachen vier steinerne Flügel, die das Becken von allen Seiten umfingen. Bald saß Tomàs in einer dunklen Zelle, deren Wände sich immer enger um ihn schlossen.

Er bat das Einzige um Hilfe, das ihm noch geblieben war – sich selbst. Doch auch vor sich selbst hatte er Angst, und so konnte er nur noch weinen.

All die Tränen, die er im Laufe der Jahre zurückgehalten hatte, vergoss er nun in das Becken.

Er weinte um all die Liebe, die gescheitert war, um all die nicht verwirklichten Träume und vergessenen guten Vorsätze.

Er weinte, bis seine Nerven sich wieder beruhigt hatten. Dann hörte er aus den Tiefen seines Innern eine Stimme erklingen.

»Mach langsam. Ja, mach langsam, wenn du in der Mitte deines Herzens ankommen willst.« Es war die Innere Stimme, die er noch nie so klar vernommen hatte.

Tomàs schloss die Augen und atmete tief in den Bauch hinein.

»Denk an die Worte des Geschichtenerzählers. Was hat er doch gleich gesagt: Sei demütig.«

In einer Geste der Demut beugte Tomàs die Knie und ließ sich auf dem Grund des Beckens nieder, wo er eine Unebenheit fühlte. Als er sich wieder erhob, um sie mit dem Fuß wegzuschieben, merkte er, dass es sich um eine Falltür handelte, hinter der er nun auch eine steinerne Treppe ertastete. Tomàs holte tief Luft, tauchte unter und glitt in das Loch hinein. Dann zog er die Falltür zu.

Er bewegte sich in absoluter Finsternis. Nur ein dumpfes Brummen, das mit jedem Schritt lauter wurde, wies ihm den Weg. Tomàs fiel hin und rollte den Gang hinunter, bis er erneut im Wasser landete.

Ein helles Licht umgab ihn. Als er die Augen öffnete, merkte er, dass zwei Eisblöcke ihm den Weg versperrten. Zuerst wollte er umkehren, dann aber fiel ihm seine Erfahrung im Sumpf wieder ein. Auch hier musste er eine Wahl zwischen zwei unliebsamen Wegen treffen. Wenn er Mut beweisen wollte, sollte er wohl weitergehen. Die Innere Stimme fühlte sich bemüßigt, ihn zu beruhigen.

»Denk an die Geduld der Eidechse. Ja, der Eidechse. Warte, bis die Strömung ansteigt und sich wieder zurückzieht, wie deine Emotionen es tun. Dann wird sich zwischen den Eisblöcken eine Öffnung auftun, und du wirst hindurchgleiten. Vergiss nicht, dass du ein Murmelspieler bist.«

Die Zeit ging dahin. Um nicht einzuschlafen, dachte Tomàs an Androgynos Geschichten und stellte sich vor, Nicole zu sein, der Deutsche, Salvatore: Wille, Abstand, Mut. Sie waren seine Schutzengel und würden ihn nicht im Stich lassen.

Das Wasser stieg ihm bis zum Hals, um dann wieder zu fallen. In diesem Augenblick sah er, einer glitzernden Schlange gleich, einen Lichtstrahl durch die Eisblöcke dringen. Das Geräusch brechenden Eises zerriss die Stille, und jetzt tat sich zwischen den beiden Blöcken ein Spalt auf. Tomàs fühlte, dass sein Herz im Gleichgewicht war, und verspürte den Wunsch, einfach draufloszuschießen. Er selbst war nun die Murmel und schnellte durch den Spalt hindurch, der sich sogleich wieder hinter ihm schloss.

Licht blendete ihn. Er hatte einen bitteren Geschmack im Mund. Offensichtlich schwamm er wieder im Meer der Tränen, welche das Drachenbecken speisten. Die Strömung trug ihn drei Mal gegen den Uhrzeigersinn um die Drachengestalt herum, bis seine Augen sich an das Licht gewöhnt hatten und er zwischen den Fängen des Drachen einen Gang entdeckte. Um ihn zu erkunden, tauchte Tomàs erneut ins Dunkel ein.

Dieses Mal fand er sich in einer Höhle wieder. Er suchte einen Ausgang und tastete vergeblich jeden Zentimeter der Höhlenwand ab. Bald ließ er erschöpft die Arme sinken.

»Denk an die Worte des Geschichtenerzählers. Ja, seine Worte. Zeig dich edelmütig«, ermahnte ihn seine Innere Stimme.

Tomàs zeigte sich edelmütig und hob die Arme. Erst jetzt merkte er, dass die Höhle nach oben hin offen war. Er fing an, die Wand hinaufzuklettern, bis er im Osten das schwache Licht des Tages wahrnahm. Angst beschlich ihn, und er kletterte schneller. Dummerweise trat sein Fuß fehl, und er stürzte in die Tiefe. Der Sturz wurde jedoch von einer weichen Oberfläche abgefedert.

»Tritt aus dir selbst heraus. Ja, tritt heraus. Sonst werden deine Neurosen dir zum Verhängnis, weil du die Einheit in den Dingen nicht erkennen kannst. Verlass dich auf dein Talent. Versetze dich in die Lage all dessen, was dich umgibt. Was siehst du?«

»Dunkelheit.«

»Von außen. Ja, von außen. Was siehst du?«

»Meinen Körper, der im Wasser liegt.«

»Jetzt von innen. Ja, von innen. Wechsle die Perspektive. Was siehst du?«

»Wasser, das in einem Körper schwimmt.«

»In einem Körper. Ja, dieses Labyrinth ist dein Körper. Und du bist die Energie, die darin zirkuliert, durch die sieben Tore hindurch. Du bist vom Kreuzbein zum Eros aufgestiegen, indem du durch den Spalt im Eisberg geschlüpft bist. Dann vom Eros zum Nabel, dem Drachenbecken. Aber als du auf dem besten Weg in die Kammer des Herzens warst, bist du abgestürzt.«

»Ich hatte keine Kraft mehr.«

»Du hast noch die einzige Kraft, die zählt. Ja, die zählt. Die Liebe. Frag mich nicht, wo du sie findest. Du weißt es schon. Du musst nichts lernen, es genügt, wenn du dich erinnerst.«

Tomàs schloss die Lider. Vor seinem inneren Auge erschien das Bild eines Mädchens mit hohen Wangenknochen und dunklem Haar. Als er die Augen wieder öffnete, erhellte ein Lichtstrahl seine Umgebung, und er merkte, dass er auf den Blättern einer Wasserpflanze lag. Die Wurzeln reichten tief in den Sumpf hinab, in dem Tomàs seine Reise begonnen hatte, doch die Zweige reckten sich, so weit das Auge reichte, ins Licht.

Von seinem Pflanzenlager aus sah Tomàs ein Papierschiffchen wie jene, mit denen er als Kind immer gespielt hatte. Statt eines Segels trug es eine Karte am Mast. Das Ebenbild der Schönen aus dem Märchen.

... komm ... und hol mich ...

Tomàs kletterte weiter, bis das Blattwerk über ihm so dicht wurde, dass er nicht mehr hindurchkam. Nun hängte er sich an einen Ast, zog sich mit den Armen hoch und gelangte schließlich auf eine Lichtung.

Zu seinen Füßen erstreckte sich eine grüne Wiese, auf der ein riesiges Buch lag. Der Wind blätterte den hellen Einband um. Auf der ersten Seite erschien das Bild einer alten Frau mit spitzem Kinn, die eine rote Rose in den Händen hielt. Sie klopfte an das Tor eines Schlosses. Ein junger Mann von edler Gestalt öffnete ihr. Die Frau gab ihm die Blume und sagte etwas.

Der Zuschauer spitzte die Ohren, doch irgendwie musste man ihm den Ton abgedreht haben. Er sah die Gesten, hörte aber kein Wort.

Der Prinz riss der Frau die Rose aus der Hand und schlug ihr die Tür vor der Nase zu. Wie von Zauberhand löste er sich auf. Die folgende Seite zeigte dann an seiner Stelle ein Ungeheuer mit erloschenem Blick.

Tomàs sperrte den Mund auf. Von seinem Platz im Blätterdach aus sah er die Vorstellung des letzten Märchens, das ihm seine Mutter, bevor sie gestorben war, vorgelesen hatte.

XLI

Es war in der Nacht vor dem Weihnachtsmorgen. Seine Mutter hatte ein Buch mit hellem Einband in der Hand, als sie sein Zimmer betrat. Mühselig ließ sie sich auf der Bettkante nieder und nahm seine Hand in ihre mageren Finger. Ihr Gesicht war von den Medikamenten so angeschwollen, dass Tomàs den Blick auf ihre Hände gerichtet hielt.

»Tomàs«, sagte die Mutter. »Du musst mir versprechen, dass du immer auf dich aufpassen wirst. Du sollst wissen, dass ich immer da sein werde, wenn du glücklich bist. Ganz besonders aber werde ich da sein, wenn du traurig bist oder zornig auf die Welt. Ich werde da sein, um dich an eine Geschichte zu erinnern, in der das Geheimnis aller Dinge enthalten ist. Sie heißt *Die Schöne und das Biest.* Soll ich sie dir vorlesen?«

Mit offenem Mund hörte er zu, als die warme Stimme seiner Mutter von einer alten Frau mit spitzem Kinn erzählte, die an das Tor eines Schlosses klopft. Und von einem Prinzen, der ihr die Tür vor der Nase zuschlägt, worauf er sich in ein schreckliches Ungeheuer verwandelt. Doch schon nach wenigen Seiten fielen dem kleinen Tomàs die Augen zu. Mit geschlossenen Lidern lauschte er noch eine Weile, dann aber schlief er ein.

Auf der Lichtung war ein Niesen zu vernehmen. Tomàs hatte es sich nie verziehen, dass er eingeschlafen war, bevor er die letzte Zeile des Märchens gehört hatte. Von diesem Tag an hatte er alle Märchen gehasst, vor allem aber *Die Schöne und das Biest*. Und nie hatte er versucht herauszufinden, wie die Geschichte ausging.

Dem großen Buch auf der Wiese entstiegen ein eleganter junger Mann und ein Mädchen. Der junge Mann machte der Schönen den Hof, doch sie versagte sich ihm und sprang ununterbrochen zwischen den Seiten hin und her.

Wieder blätterte der Wind die Seiten um. Nun war die Schöne in einem Schloss gefangen. Eine Tür ging auf, und herein spazierte der frühere Prinz, der jetzt ein Ungeheuer war. Das Mädchen floh auf die nächste Seite, wo es von einem Wolfsrudel angegriffen wurde. Das Rudel stand für die Todsünden, wie Tomàs wusste. Er sah, wie das Ungeheuer auf die Lichtung hinauseilte und die Wölfe vertrieb, dann aber blutend zu Boden sank.

Als es erwachte, packte es das Mädchen, und Tomàs schloss die Augen, um nicht Zeuge dieses Gemetzels zu werden. Als er sie jedoch wieder öffnete, tanzten die Schöne und das Biest in der großen Halle des Schlosses.

Dann füllten sich die Seiten plötzlich mit bewaffneten Männern, die der abgewiesene Freier um sich geschart hatte. Eine Uhr, ein Kerzenleuchter, eine Teekanne und eine Tasse verteidigten das Schloss, während das Ungeheuer, dem seine Schöne fehlte, durch die Zimmer irrte und nicht die Kraft zum Kämpfen aufbrachte.

Irgendwie kam Tomàs dieses Verhalten bekannt vor. Er besann sich auf sein Talent und versuchte, dem Märchen mit Hilfe seines Einfühlungsvermögens auf den Grund zu kommen. Nun begriff er, dass das Ungeheuer sein Körper war, das Schloss sein Herz und die kämpfenden Gegenstände seine Sinne, die zwar verzaubert waren, ihn aber trotzdem zu retten versuchten. Die Schöne wiederum war seine Seele. Sie war ins Schloss gekommen, um sich mit ihm zu vereinen und jene Liebe in ihm zu erwecken, die ihn erst zum Mann machen würde.

Der elegante Freier zückte den Bogen und schoss einen brennenden Pfeil auf seinen Rivalen ab. Mit dem Krachen eines gefällten Baums stürzte das Ungeheuer zu Boden.

Da überkam Tomàs plötzlich eine unsagbare Müdigkeit. Ihm wollten schon die Augen zufallen, doch er widersetzte sich dem Impuls. Die Schöne war wieder da, und das Biest hatte nun einen Grund zu kämpfen. Trotz seiner Verwundung stürzte es sich auf seinen Gegner und überwältigte ihn mit Leichtigkeit. Doch statt ihm den Todesstoß zu versetzen, verschonte es ihn und vergab ihm.

Der Freier hatte weniger Skrupel. Als das Biest ihm den Rücken zuwandte, stieß er ihm einen Dolch tief ins Herz. Bei dieser schurkischen Tat stolperte er allerdings und stürzte in den Tod.

»Verzeih ihm, er steht für das Ego. Ja, für den weniger edelmütigen Teil deiner selbst, der sich deiner Seele bemächtigen wollte. Er musste sterben, damit du wiedergeboren werden kannst«, erklärte ihm die Innere Stimme.

In diesem Augenblick schloss auch das Biest die Augen für immer und ewig. Die Schöne hielt es im Arm und sang ein Lied, das Tomàs nicht hören konnte, sondern nur sehen. Eine Welle von Licht erfasste die beiden und riss in einer feierlichen Prozession sämtliche Paare mit sich – gut und böse, gerecht und ungerecht, Licht und Schatten –, um sie einer alles umfassenden Stille zuzuführen.

Der Himmel füllte sich mit Sternen, die den Körper des Ungeheuers in Goldstaub hüllten. Als die Lichtfunken wieder zerstoben, stand der Prinz in all seinem Glanz auf der Lichtung. Er zog die Schöne an sich, und sie begannen zu tanzen. Ihre Füße bewegten sich mit einer Meisterschaft, von der sie bislang selbst nichts geahnt hatten, und ihre Körper waren so biegsam wie der eines Delfins.

Tomàs staunte gewaltig. Es war, als wäre er soeben aus einem Traum erwacht, der sein ganzes Leben lang gedauert hatte. Plötzlich schien er über einen inneren Kompass zu verfügen, der ihn künftig führen würde, unfehlbar und ohne dass er seinen Verstand würde gebrauchen müssen. Er begriff, dass die Lichtung die Kammer des Herzens war und er im Tempel seines Körpers zu seinem Haupt aufstieg. Ein einfacher, geradliniger Weg. Jedes Hindernis, das es zu überwinden galt, jedes Tor, das er durchschreiten musste, war beides zugleich: Freude und Schmerz, Sieg und Niederlage.

Er sprang zu Boden und landete auf einem hölzernen Steg, der sich unter den taubedeckten Blättern seines

Baums erstreckte. Ein gleißender Abgrund tat sich vor ihm auf: das Tor zur Kehle, wo seine Allergie wurzelte. Mit einem letzten Niesen überquerte er den Abgrund, um sich vor einem weiteren Gittertor wiederzufinden, von dem aus er einen Altar erblickte. Zu seinen Seiten stand je ein Kerzenleuchter, und in der Mitte brannte ein blaues Licht. Tomàs erriet, dass er zwischen den Augenbrauen angekommen war, wo die Ströme der Liebe entspringen.

Er ging an den Kandelabern vorbei, ohne sich zu verbrennen, und erreichte durch ein Türchen ein silbernes Wasserbecken. Dahinter erhob sich, zwischen zwei verschlungenen Feuerpfaden, eine glitzernde Treppe. An ihrem oberen Ende erstrahlte ein Thron. Tomàs durchschwamm das Becken und stieg auf der anderen Seite so erschöpft wieder hinaus, dass er sich auf die unterste Stufe stützen musste. Sie schien aus Eis zu sein, brannte aber wie Feuer.

Tomàs blickte hoch. Auf dem Thron saß eine junge Frau. Sie trug einen Mantel aus Gold, unter dem nur der rechte Fuß hervorsah. Er lag auf einem roten Kissen. Tomàs versuchte, sich zu der Frau hinaufzuschleppen, doch die Stufen gaben unter seinem Gewicht nach und zogen ihn unerbittlich in die Tiefe.

Als ihn die Kräfte ganz zu verlassen schienen, überkam ihn plötzlich ein ungewohntes Gefühl der Leichtigkeit. Langsam richtete er sich auf. Eine gewaltige Energie bemächtigte sich seiner Gedanken und floss in alle Teile seines Körpers. Wie ein Faun sprang er nun die

Treppen hinauf, ohne auch nur eine Spur auf dem Eis zu hinterlassen. Mit jeder Stufe fühlte er sich leichter und mutiger. Als er vor der jungen Frau stand, trug er den Kopf hoch, und sein Blick war stolz. Er sah, dass ihr Gesicht von einem Schleier verhüllt war.

»Wenn du ihr den Schleier abnimmst, wirst du sterben«, warnte eine Stimme in seinem Innern, doch Tomàs erkannte den Tonfall der Angst und zog ihn trotzdem beiseite.

Er sah ein ernsthaftes Lächeln, bei dem sich die Lippen kaum verzogen, dann fiel der Schleier wieder und bedeckte das schwarze Haar und die hohen Wangenknochen. In der rechten Hand hielt die Frau einen goldenen Kelch. Auf dem Kissen unter ihrem Fuß lag eine weitere Karte, dieses Mal ohne Bild. Die Buchstaben leuchteten in hellen Flammen:

… ich habe … auf dich … gewartet

Die Dame reichte ihrem Ritter den Kelch. Er trank einen Schluck. Es war Feuerwasser.

Nun war es um Tomàs geschehen, und er zog das Mädchen an sich. Überrascht merkte er, dass sie mit seiner Haut verschmolz, bis sie schließlich vollständig verschwunden war.

Eine Explosion aus Licht erschütterte den Raum, und Tomàs fand sich im Freien wieder, ganz allein, einen goldenen Kelch in der Hand.

XLII

Tomàs stand mit beiden Beinen im Drachenbecken. Obwohl er einen weiten Weg hinter sich hatte, war er ein weiteres Mal am Ausgangspunkt angelangt. Die Augen des Drachen schienen maliziös zu funkeln. Er trank einen Schluck Feuerwasser, um sich zu erfrischen, und bemerkte erschrocken, dass der Kelch fast leer war.

»Liebe, die man nicht mit anderen teilt, löst sich in Nichts auf«, erinnerte ihn seine Innere Stimme. »Ja, in Nichts. Wenn du nicht willst, dass dein Kelch sich leert und all deine Bemühungen umsonst waren, muss dein Ich schleunigst im Wir aufgehen.«

Tomàs drehte sich um und betrachtete die beiden Flamingos, die endlich erwacht waren. Sie stritten miteinander, was Tomàs zeigte, dass es dumm von ihm gewesen war, sie zu beneiden. Sie saßen in einem Gefängnis ohne Gitterstäbe, und die Neurosen, die sie dazu trieben, mit dem Schnabel aufeinander loszugehen, wurzelten im Mangel an Freiheit. Er schaute in ihre Herzen und erblickte dort eine Wut, die sich in abgehackten Bewegungen entlud. Sollte es etwa an ihm sein, zwei Vögel daran zu erinnern, wozu ihre Flügel gut waren?

Tomàs begann, im Becken herumzuplanschen. Wenn sie ihn attackierten, würden sie ihre Instinkte sicher wiederfinden. Doch die Flamingos rührten sich nicht und betrachteten ihn mit gleichgültigen Blicken.

Also hob er einen Stein auf und warf ihn in ihre Richtung. Nun trippelten sie hysterisch auf und ab, erhoben sich aber nicht vom Boden. Als sie sich daranmachten, über einen unter Algen verborgenen Steg auf den Rücken des Drachen zu klettern, folgte Tomàs ihnen.

So gelangten zwei streitlustige Flamingos und ein Mann mit verwuscheltem Haar auf eine Anhöhe. Von dort konnte man die geometrische Anlage der Thermen bewundern. Die Wege zwischen den Becken bildeten einen fünfzackigen Stern, dessen Spitze nach oben zeigte. In diesen Stern war ein kleinerer, ebenfalls fünfzackiger Stern eingelassen, dessen Spitze nach unten zeigte, der Kreuzgang. Die ganze Anlage strahlte Vollkommenheit und Frieden aus.

Jede Spitze entsprach einem der Orte, an denen Tomàs gewesen war: das quaderförmige Gebäude mit dem Fitnessraum, das runde Mondbecken, der Felsen der Dankbarkeit und die drei Becken des Ich, die ihr Wasser in das Becken des Wir in der Grotte ergossen. Er hatte einen Kloß im Hals, doch er widerstand jeder sehnsüchtigen Verlockung und schritt weiter voran. Nach einigen Schritten bemerkte er, dass die Flamingos ihm nicht folgten.

»Habt ihr nicht kapiert, dass wir frei sind? Ihr sollt fliegen, fliegen!«, schrie er und wedelte mit den Armen, doch die Vögel sahen ihn nur ausdruckslos an.

»Kann ein Vogel vergessen, dass er ein Vogel ist?«, fragte er sich.

»Natürlich kann er das. Habe ich vielleicht nicht vergessen, dass ich ein Mensch bin?«, gab er sich selbst zur Antwort.

Sanft strich er über ihre Schwanzfedern. Keine Reaktion. Er pikste sie – ohne Erfolg. Der Mangel an Bewegung hatte ihre Muskeln schrumpfen lassen.

»Wie die weibliche Seite meines Gehirns.«

Er war drauf und dran, die Flamingos ihrem Schicksal zu überlassen, als er den Fehler beging, ihnen in die Augen zu sehen. Sie taten ihm leid.

»Ich werde euch das Fliegen beibringen.«

Es gab nur ein Mittel, sie dazu zu bringen, sich in die Lüfte zu erheben: Er musste ihnen den Boden unter den Füßen wegziehen. Da er die Sprache der Flamingos nicht beherrschte, hieß es, mit gutem Beispiel vorangehen.

Auf der einen Seite führte der Weg ins Tal, in die Freiheit. Auf der anderen Seite hingegen endete er am Rande eines Abgrunds. Dort kam Tomàs nun an und blickte ins Leere. In der Tiefe sah er das Drachenbecken, das bis zum Rand mit Tränen gefüllt war und in der Sonne glitzerte. Um zwei Flamingos zu retten, die ihn eigentlich nichts angingen, würde er sich also hinabstürzen müssen – in der Hoffnung, dass sie es ihm gleichtaten und sich in der Luft daran erinnerten, dass sie zum Fliegen geschaffen waren.

Er warf einen Blick in seinen Kelch. Vom Feuerwasser war nur noch ein winziger Tropfen übrig. Der letzte.

Wenn auch dieser verdunsten würde, stünde Tomàs wieder ohne Liebe da.

Er war kein Vogel. Beim Sturz in den Abgrund würde er sicher zerschmettert. Doch selbst wenn er diese Narretei überleben würde, wäre er wieder in den Thermen, und der ganze Weg, den er zurückgelegt hatte, wäre umsonst gewesen. Konnte er auf seine mühsam erkämpfte Freiheit verzichten, um sie zwei Geschöpfen, die absolut nichts dafür getan hatten, zum Geschenk zu machen?

Tomàs hegte nicht den geringsten Zweifel. Er trat ein paar Schritte zurück und wartete, bis sein Herz im Gleichgewicht war. Dann legte er die Hände an den Mund und produzierte ein vollkommen sinnloses Geräusch. Der Laut scheuchte die Flamingos auf. Streitlustig kamen sie näher.

Jetzt!

Tomàs rannte auf den Rand des Abgrunds zu und sprang. Als er die Arme ausbreitete, nahm er instinktiv die Form eines Kreuzes an. Das Feuer seiner Liebe erwachte und loderte die dreiunddreißig Stufen seiner Wirbel hinauf. Es durchmaß die sieben Tore des Körpers, kam im Kopf an und schoss als Lichtstrahl in die Kammer des Herzens.

Tomàs fiel wie ein Stein. Kurz bevor er im Becken der Tränen landete, hörte er ein Flattern über seinem Kopf. Die beiden Flamingos segelten durch die Lüfte. Tomàs lächelte.

Sein letzter Gedanke war, dass er noch nie so glücklich gewesen war.

Das Becken der Agape

Wo man von positiven und negativen Ladungen spricht und begreift, was die Zwillingsseele ist. Und wo schließlich sogar gespeist wird.

XLIII

Tomàs lag im Bademantel auf einem Weidenrohrbett, das mitten in einem hellen Zimmer stand. So hell war es, dass es durchaus ein Solarium sein könnte, aber dafür war es wiederum zu kühl im Raum.

»Ich bin also tot«, dachte er. Und lächelte.

Tote lächeln nicht, zumindest ist dies die gängige Meinung. Er kramte in seinem löchrigen Gedächtnis, das ihm Bilder von der Erfahrung universeller Liebe lieferte. Vielleicht hatte er ja geträumt. Vielleicht träumte er ja immer noch. Irgendwo weit hinten hörte er den Klang einer Flöte, während im Halbdunkel plötzlich ein Wasserbecken sichtbar wurde, auf dem Rosenblätter schwammen.

»Willkommen, mein Herr. Wir haben Sie schon erwartet.«

Stella Maris saß neben ihm. In einer Hand hielt sie eine rote Rose, in der anderen ihr Buch.

»Müssen Sie mir noch ein paar Fragen stellen, damit Sie das Formular vollständig ausfüllen können?«, scherzte er.

»Sie sind nicht nur ein ausgezeichneter Schwimmer, Sie können auch gut tauchen«, antwortete ihm die Schwarze Vestalin.

Sie arbeitete eigentlich lieber mit Kindern, doch dieser Mann hatte sie positiv überrascht. Sie hatte gesehen, wie er mit ausgebreiteten Armen auf den Wasserspiegel zugestürzt war, um dann im Moment des Aufpralls seine Gliedmaßen eng an den Körper zu legen und wie der erste Sonnenstrahl ins Wasser zu gleiten.

Stella Maris öffnete das Register. Tomàs erkannte das Foto von seinem ersten Geburtstag: wie er mit geblähten Backen die Kerze auf dem Schokoladenkuchen auszublasen versucht. Neben dem Bild stand etwas in einer komischen Hühnerklaue: *Dauer des Aufenthalts – noch unbekannt*.

»Ist mein Aufenthalt jetzt zu Ende?«, informierte er sich gleichmütig.

Nun stand aber plötzlich der Direktor vor ihm. Der weiße Kittel verlieh ihm etwas Beruhigendes, was von der silbernen Medaille, die wie ein Pendel vor seiner Brust hing, teilweise wieder aufgehoben wurde.

Der Arzt reichte dem Patienten einen Spiegel in den Farben der Finsternis. Tomàs erkannte sich nur unschwer darin wieder: tiefliegende Augenhöhlen, runde Wangen, verwuschelter Haarschopf. Dann verschwand sein Ebenbild, um einer Frau auf einem Thron Platz zu machen.

Ihr Bild trat klar hervor. Deutlich sah Tomàs die Schlange, die sich auf ihrem Kopf zu einer Krone zusammengerollt hatte. Ihre Stirn wölbte sich eiförmig über den glatten Wangen. Der Schwanenhals ragte aus einem üppigen Matronenbusen hervor, der wiederum in einen runden Bauch und breite Hüften überging. Nur knapp bedeckte die rote Tunika das Geschöpf, das einer Amphore glich.

Der Patient löste den Blick vom Spiegel und sah dem Direktor in die Augen, zwei graublaue Steine, die in der Sonne blitzten.

»Soeben hast du die Liebe gesehen.«

»Was ist aus meiner Seele geworden?«

»Ihr seid gemeinsam zurückgekehrt. Hast du sie nicht erkannt, als du ihr den Schleier vom Gesicht gezogen hast?«

»Das war nicht meine Seele. Das war Arianna. Dieses Lächeln vergesse ich nie.«

Der Direktor schüttelte den Kopf. Dann nahm er die silberne Medaille und hielt sie Tomàs hin.

»Was siehst du darin?«

»Einen Stern.«

»Weiter nichts?«

»Einen kleineren Stern, der in den großen eingelassen ist.«

»Und was bedeutet das?«

»Keine Ahnung. Der Typ, der das gemacht hat, wird sich schon etwas dabei gedacht haben. Als Künstler taugt er allerdings nicht viel.«

»Ich habe das gemacht. Der fünfzackige Stern steht für den universellen Menschen, der mit ausgebreiteten Armen dasteht. Natürlich gibt es dieses Symbol auch in wesentlich vollkommenerer Form. Man findet es an den Wänden von Tempeln, in Geschichtsbüchern und auf den Gräbern der Könige. Doch es drückt immer dasselbe aus.«

»Ist das wieder eines Ihrer Rätsel?«

»Streng dich doch ein wenig an. Die beiden Sterne sind nicht identisch, sondern spiegelverkehrt. Bei einem zeigt die Spitze nach oben, bei dem anderen nach unten. Was kann das bedeuten?«

»Dass jeder Körper eine Seele hat.«

»Und weiter?«

»Dass jeder Mann eine Frau in sich trägt.«

Dieses Mal nickte der Direktor feierlich mit dem Kopf.

»Und jede Frau einen Mann.«

XLIV

Der Arzt reichte Tomàs einen Stift, damit er sich darin üben konnte, die beiden Sterne auf ein Blatt Papier zu zeichnen. Das Ergebnis war ein kaum entzifferbares Gekrakel.

»Du hast wirklich eine grässliche Hühnerklaue«, sagte der Direktor, machte eine Pause, die nichts Gutes verhieß, und fragte dann: »Weißt du, was für ein Huhn das Schlimmste ist?« Sein Gesicht verzog sich zu einem ekstatischen Grinsen.

»Geht das schon wieder los!«

»So viele Federn zu haben und nicht schreiben zu können …«

Seiner Brust entrang sich ein homerisches Lachen, das Tomàs angesichts der Plattheit des Witzes immer noch nicht angemessen fand.

»Kannst du mir wenigstens sagen, wie das Licht entsteht?«

»Das hat mich noch nie ernsthaft beschäftigt.«

»Es entsteht dort, wo Positives und Negatives zusammentreffen. Alles im Universum ist zweiwertig, und alles strebt zur Einheit zurück. Nur das Aufeinandertreffen der Gegensätze führt zur Einheit. Du musst dir das vorstellen wie die beiden Pole einer Batterie: Die männliche Seite hat die positive Ladung, die weibliche die negative.«

Er malte ein Plus- und ein Minuszeichen auf ein Stück Papier, bevor er fortfuhr.

»In der Natur sucht jede positive Ladung nach einer negativen, und jede negative nach einer positiven. Das ist beim Licht so, bei allem. Auch in der Liebe.«

»Das Männchen sucht das Weibchen, das Weibchen das Männchen. Bei allem Respekt, aber das scheint mir keine bahnbrechende Erkenntnis zu sein.«

»Hör zu. Die Seele ist weiblich – also eine negative Ladung –, und zwar sowohl bei Männern als auch bei Frauen. Doch es ist nicht die Seele, die nach Liebe strebt, und auch nicht der Körper.«

»Was denn dann?«

»Die schöpferische Energie, die je nach Geschlecht eine andere Ladung annimmt. Beim Mann ist sie von der weißen Farbe des Mondes und weiblich: negative Ladung. Bei der Frau hat sie das Rot der Sonne und ist männlich: positive Ladung. Verstehst du?«

»Mehr oder weniger.«

»Die weibliche Seite in dir sehnt sich danach, mit ihrem männlichen Gegenpol zu verschmelzen, der sich in einer Frau befindet. Dies ist das ewige Spiel der Liebe.«

»Soll das heißen, dass ich, wenn ich eine Frau küsse, in Wirklichkeit einem Mann Befriedigung verschaffe?«

»Hier geht es um Energien, Tomàs. Der Mann sucht in der Frau das Echo seiner weiblichen Energie, so wie jede

Frau im Mann den Widerhall ihrer männlichen Energie sucht. Dieser Impuls ist es, der das Verliebtsein hervorbringt. Die Liebe ist wie ein Magnet, der in dem Moment aktiv wird, in dem dein Äußeres dem Inneren einer anderen Person entspricht. Nur wenn du dich auf sie einlässt, wirst du zum Gefühl der Ganzheit gelangen.«

»Mir gefallen Mädchen mit hohen Wangenknochen und langen Beinen. Meine weibliche Seite muss ein absoluter Hingucker sein.«

»Der Zauber der Schönheit führt uns in die Welt des Geistes ein. Dann aber müssen wir weiter voranschreiten, sonst verwechseln wir Liebe mit Besitzdenken. Das ist dir mit der Tochter des Notars passiert. Damals hieltest du für gewaltige Liebe, was eigentlich nur gewaltige Verlustängste waren.«

»Ich habe sie wirklich geliebt.«

Der Direktor verzog die Lippen zu einem verständnisvollen Lächeln.

»Du verliebst dich in die falschen Menschen, weil sie dich in deiner negativen Vorstellung von dir selbst bestätigen. Die unerwiderte Liebe scheint immer die leidenschaftlichste zu sein. Die richtige Person hingegen ist stets jene, die mit deinen inneren Energien übereinstimmt.«

»Nehmen wir mal an, es gäbe tatsächlich dieses wunderbare Geschöpf, das mit meinen inneren Energien übereinstimmt. Was passiert dann, wenn ich nicht mit den ihren übereinstimme? Wenn ich nicht der Mann bin, der das perfekte Abziehbild ihrer männlichen Seite ist? Genau das ist nämlich das Drama der unerwiderten Liebe.«

»Wenn die Anziehung nicht beiderseitig besteht, ist diese Frau nicht deine Zwillingsseele.«

»Wieso leide ich dann so sehr?«

»Weil du dir etwas vormachst. Du kennst dich selbst noch nicht, daher fühlst du dich von der falschen Frau angezogen, bildest dir aber ein, dass sie die Richtige ist.«

»Ich kann kaum glauben, dass all diese Hälften und Abziehbilder je zueinanderfinden.«

»Tatsächlich ist das öfter der Fall, als du glaubst und viele Männer und Frauen es täglich erleben.«

»Und warum gehen dann so viele Liebesbeziehungen wieder auseinander oder ersterben in gepflegter Langeweile?«

»Weil die Menschen sich ändern und mit der Zeit nicht mehr zueinander passen. Wenn man zusammenbleiben will, muss man die Energie aufbringen, sich gemeinsam zu verändern. Die Liebe ist eine lebendige Schöpfung. Und wie jedes Geschöpf kann sie vergehen und sterben, oder sie kann wachsen und gedeihen.«

»Und wenn jemand seine Zwillingsseele schon getroffen, sie aber nicht erkannt hat? Gibt es dann eine zweite Chance? Ich habe mit einer Frau zusammengelebt, die mich geliebt hat, und habe alles kaputt gemacht.«

»Du hast es eben selbst gesagt: Die Mathematikerin hat dich geliebt, und nur deshalb hast du ihre Gefühle erwidert. Doch wer einen Mensch einzig liebt, weil dieser ihn liebt, ist unreif. Ebenso wie ein Mensch, der jemanden liebt, der seine Gefühle nicht erwidert. Beide laufen letztlich vor der wahren Liebe davon, weil sie sie in ihrem Innern noch nicht gefunden haben.«

»Im Sonnenbecken habe ich versucht, nicht davonzulaufen. Dann war sie es, die abgehauen ist.«

»Morena ist nicht deine Zwillingsseele.«

»Aber ich habe sie begehrt.«

»Ein Mensch wird nicht deshalb der Richtige, nur weil wir uns das wünschen.«

»Und wie schafft man es dann, die richtige Person zu begehren?«

»Genau um das zu lernen, kommt man in die Thermen der Seele.« Der Direktor nahm die silberne Medaille wieder an sich. »Hast du jetzt begriffen, wieso Arianna und deine Seele dasselbe Lächeln haben?«

»Das Lächeln ist das Tor zur Seele, und Arianna ist meine …«

»Deine Zwillingsseele, genau.«

»Wenn ich nur ihre Telefonnummer noch hätte …«

»Tomàs!«

»Ja, ich weiß, dieses ewige *Wenn* ist die Sprache des Versagens. Im Leben wird man nur durch das *Trotzdem* groß.

Aber das Leben ist … ich würde so gerne begreifen, was für einen Sinn es hat.«

»Bald wirst du in das letzte Becken eintauchen, in dem der Geist sich ausruht, bevor er wieder von vorne anfängt.«

»Ich bin also tot?«

»Du hast dein Talent entdeckt und deine Seele wiedergefunden. Wenn du stark genug bist, wirst du auch die Liebe finden. Jetzt geht es aber erst einmal zum Essen.«

»Immerhin. Ich habe noch nichts bekommen, seit ich hier bin. Gibt es übrigens noch einen leichteren Bademantel?«

»Den brauchst du nicht mehr, schließlich bist du jetzt selbst leicht geworden.«

Tomàs erhob sich von seinem Weidenrohrbett und durchquerte den Raum, bis er an die Tür ohne Schloss kam. Das Schild, das ihm zu Beginn seines Abenteuers empfohlen hatte, aus seinem Kopf herauszukommen, war verschwunden.

»Im Labyrinth hast du die Erfahrung gemacht, wie wichtig es ist, dass der Geist über den Weg des Kopfes aus dem Körper heraustritt«, erklärte der Direktor. »Tatsächlich finden sich im Kopf die feinsten und machtvollsten Schwingungen. Jetzt, da du das weißt, brauchst du das Schild nicht mehr.«

»Und die Märchenkarten?«

»Die Frauengestalten waren Abbilder deiner Seele, die sich nach der Wiedervereinigung mit dir sehnte.«

Tomàs legte die Stirn an die Tür, die kampflos nachgab. Herbststürme zerrten an seinem Bademantel, und er vergrub seinen Kopf in der Kapuze. In der Luft lag eine gewisse Wehmut, als zöge die Natur sich in sich selbst zurück, um neue Kraft zu sammeln.

»Wo willst du hin?«, hörte er einen Chor von Stimmen hinter sich fragen. »Die Agape ist hier.«

XLV

Er drehte sich um und sah die Meister in dem Becken stehen, bis zum Gürtel im Wasser. Die Trainerin. Den Geschichtenerzähler. Den Wasserheiler. Die Seelenmasseurin. Die Schwarze Vestalin, die ätherischer wirkte denn je. Inmitten der Rosenblätter bildeten sie einen Kreis, und jeder hielt ein Ei in den Händen. Als er zu ihnen trat, reichte man ihm auch eines.

»Wir feiern die Tagundnachtgleiche des Herbstes mit einer Mahlzeit, die das Herz erquickt. Die Sonne am Himmel bereitet sich auf den Abstieg vor, und auf der Erde wird ein neuer Zyklus eingeläutet«, vernahm er Andreas Stimme, die immer noch wie eine Flöte klang.

»Müsst ihr etwa auch essen?«, fragte Tomàs.

»Hast du gedacht, wir sind Geister?«, lachte der Direktor. »Wir haben ein Talent wie du und nutzen es, um anderen Geschöpfen zu helfen. Die besten Meister sind nicht unbedingt die vollkommensten, sondern jene, die Schüler hervorbringen.«

Auf sein Zeichen überreichte jeder, der an dem Festessen teilnahm, dem Nachbarn zu seiner Rechten sein Ei. Alle schlugen es gleichzeitig gegen den Beckenrand, dann führten sie es zum Mund. Das Ritual wiederholte sich mit einem Teller Oliven und danach mit allen anderen Gängen. Gegessen wurde in absolutem Schweigen. Uma war es, die es schließlich brach.

»Dafür, dass du ein Schüler aus der ersten Klasse bist, hast du dich gut gehalten.«

»Aus der ersten Klasse?«

»In den Thermen gibt es sieben Unterrichtsstufen. Sieben, wie die Tore, die du durchqueren musstest, um aus deinem Körper herauszutreten«, erläuterte Noah.

Tomàs sackten die Beine weg. Er versuchte, sich an Andrea festzuhalten, der gerade eine Flasche öffnete. Auf Andreas Tablett stand jetzt keine Tasse mehr. Nur noch ein Buch mit einem hellen Einband lag darauf.

»Dieses Mal gibt es keinen Tee, sondern besten Wein. Den genießen wir zu einer Geschichte, in der du erfährst, welche Rolle das Schicksal spielt.«

Nachdem alle mit der Linken ihren Kelch erhoben hatten, öffnete Androgyno das letzte helle Buch und fing an, die Geschichte zu er-singen.

XLVI

Die Ballade vom Bauern

Einst war der Bauer auf seinen Feldern,
und hörte Schreie herübergellen.
Im Fluss zu ertrinken drohte ein Kind,
er eilte hin und rettete es geschwind.

Noch am Abend klopfte es an der Türe,
der Vater des Kindes wollte hören:
»Wie kann ich mich erkenntlich zeigen,
um mit dem Schicksal quitt zu sein.

Sie haben einen Sohn, hat man mir gesagt,
und dieser Sohn sei äußerst begabt.
Bitte lassen Sie mich für ihn sorgen,
bis vielleicht er ein Doktor geworden.«

Und so wurde des schlichten Bauern Sohn
ein Arzt und Forscher von großem Ruhm.
Alex Fleming hieß er und wurde bekannt,
weil er das Penicillin erfand.

Die Monate und Jahre gingen ins Land,
das gerettete Kind ebenfalls Achtung fand.
Ein Mann war er bald, den jeder kennt,
so wählte man ihn sogar ins Parlament.

Noch einmal jedoch griff der Tod nach ihm,
fast raffte die Lungenentzündung ihn dahin.
Erst kurz vor dem Ende kam die Rettung
in Gestalt von Dr. Flemings Entdeckung.

Der Abgeordnete, der dem Tod entkam,
war Winston Churchill, der irgendwann,
als Premierminister seiner Nation,
Adolf Hitler stoppte und die Invasion.

So rettete, ohne es selbst zu ahnen
und mit einer einzigen Tat zumal,
unser schlichter Bauer gleich zweimal die Welt,
indem er ein Leben gleich zweimal erhält.

»Ist das eine wahre Geschichte wie die anderen, die ich gehört habe?«, wollte Tomàs wissen.

»Das weiß keiner so recht«, antwortete der Direktor. »Es gibt verschiedene Versionen. Wichtig ist, dass sie an das Herz des Menschen rührt. Das Herz des Menschen weiß nämlich, dass Geschichten wie diese Tag für Tag passieren, auch wenn ihre Helden anders heißen.«

An Tomàs' Herz hatte sie gerührt. Hatte nicht auch er sich mit Dingen herumgeschlagen, die er nicht begriffen hatte? Hatte er nicht ebenfalls unter dem Gefühl der Sinnlosigkeit gelitten, das die Menschen lähmt, weil man die Kontrolle zu verlieren meint und Zynismus die einzige Antwort auf die Verwirrung zu sein scheint?

Die Ballade vom Bauern zeigte ihm nun, dass nichts von dem, was der Mensch tut, ohne Folgen bleibt. Dass alles einen bestimmten Sinn hat, auch wenn der Mensch ihn nicht immer erkennt oder ihn falsch versteht. Er weiß eben nicht um das große Ganze.

»Das Leben an sich ist noch kein Gut. Das eigentliche Gut ist es, gut zu leben«, verkündete Noah.

Der Wasserheiler ließ den Brotkorb herumgehen. Jeder nahm sich ein Stück und reichte es dem Nachbarn zu seiner Rechten. Kaum war es verzehrt, erklang der Bariton des Direktors.

»Nun ist es an der Zeit, dass du alles erfährst.«

Tomàs fühlte die Hände der Masseurin an seinen Schläfen. Die Wasserstimme erklang wieder in seinem Herzen.

»... viel Vergnügen ... mein Kind ...«

XLVII

Lys benutzte Tomàs' Schläfen als Einschaltknopf für seinen inneren Projektor. Geschickt spulte sie den Film seines Lebens zurück. Als er am Anfang angelangt war, ließ sie ihn noch einmal ablaufen.

»... ein Licht aus Klang ... eine Murmel am Strand ...«

Zu den Kommentaren der Wasserstimme sah der Patient auf der Leinwand seiner geschlossenen Augen die Stationen seines Lebens vor sich ablaufen. Es amüsierte ihn, was er da sah, als wäre er nur mehr ein Beobachter seiner selbst. Dann verringerte Lys den Druck auf die Schläfen, und das Band lief langsamer.

»... die Weihnachtsnacht ... du bist gerade eingeschlafen ... deine Mutter sitzt neben dem Bett ... sie schließt ein Buch mit hellem Einband ... sie küsst dich auf die Stirn und den Mund ... geht aus dem Zimmer ... seufzt ... kehrt zurück ... streicht dir nochmals über die Stirn ... sie kann kaum noch atmen ... sie schleppt sich zum Fenster ... reißt es auf und setzt sich aufs Fensterbrett ... ihre Finger haben schon alle Kraft verloren ... sie stürzt mit ausgebreiteten Armen ins Leere ... sie prallt auf einem Schneehaufen auf ... vollkommen unverletzt ... sie ist während des Sturzes an einem Infarkt gestorben ...«

Lys nahm die Hände von seinen Schläfen und berührte sacht die Stelle zwischen seinen Augenbrauen. Der Film lief schnell vor, aber nicht allzu weit.

»… ein Morgen zwischen Weihnachten und Neujahr … das Haus ist voller Leute, die dich neugierig ansehen … nur dein Vater kann dir nicht in die Augen schauen … ›Entscheide du, ob du mitkommen willst‹, sagt er zu dir … aber du bist ein Kind … wie sollst du dich schützen … du wirst dir einen Panzer zulegen müssen … du flüchtest in dein Zimmer … nein … du gehst auf keine Beerdigung …«

Seine erste Entscheidung war auch seine erste Flucht gewesen. Der Moment, in dem er beschlossen hatte, vor dem Schmerz wegzulaufen. Es schien ihm alles so ungerecht. Das Leben hatte ihn gezwungen, sich viel zu früh viel zu schwere Fragen zu stellen. Warum war ausgerechnet er Waise, seine Schulkameraden aber nicht? Warum musste ein Kind verhungern, während ein anderes übergewichtig war? Warum waren Gesundheit, Reichtum, Intelligenz so ungleichmäßig verteilt? Und vor allem: Warum konnte man so unvermittelt die Liebe verlieren? Er war viel zu verwirrt, um zu begreifen, dass, wer vor dem Schmerz wegläuft, auch vor dem Mitleid wegläuft, und dass, wer vor dem Mitleid wegläuft, auch vor der Liebe wegläuft, weil er Angst hat, dass sie ihm wieder genommen wird.

Lys löste die Hände von seinen Schläfen. Der Film blieb stehen, ein Videoclip wurde eingespielt. Er trug den Titel: »Was passiert wäre, wenn du zur Beerdigung gegangen wärst.«

»… wenn du zur Beerdigung gegangen wärst … hättest du deinen Vater gezwungen, sich neben die beste Freundin deiner Mutter zu setzen … die ihn im Laufe der Zeit getröstet hätte … die beiden hätten dein kaltes Herz am Herd einer Familie zu wärmen gewusst … du hättest keine unvorhergesehenen Dramen erlebt … sondern ein ruhiges Leben geführt, deinen Universitätsabschluss gemacht, dir einen ruhigen Job gesucht … du hättest in einer ruhigen Zeremonie eine nette Kollegin geheiratet … deine Stiefmutter hätte bei der Hochzeit gerührt gesagt: ›Wie traurig, dass deine Mutter nicht dabei sein kann‹ … am Altar hättest du an die lang zurückliegende Beerdigung gedacht … du hättest dich gefragt, ob dein Leben auch anders hätte verlaufen können …«

Lys legte ihm erneut die Hände an die Schläfen. Der Film lief weiter.

»… während alle auf der Beerdigung sind … läufst du allein durchs Haus … du wühlst in Mamas Schubladen … und findest ein weißes Taschentuch mit roten Tupfen, das du ihr zum letzten Geburtstag geschenkt hast … zuerst willst du es mit den Zähnen zerreißen, dann aber … als würdest du einer Eingebung folgen, nimmst du es mit in dein Zimmer … und winkst der verschlossenen Tür zu … du redest mit ihr … und erzählst ihr von einer Welt, in der du ein großer Basketballspieler bist … und Sohn einer Mutter, die vor Gesundheit nur so strotzt …«

Das Taschentuch mit den Tupfen. Es war beim Umzug kurz nach seiner Magisterarbeit verloren gegangen, aber Tomàs hatte dem keine sonderliche Beachtung geschenkt.

Lys drückte wieder stärker, der Film lief schneller …

»… du bist schon ein großer Junge … und lebst bei der traurigen Tante … du sperrst dich in dein Zimmer ein … ziehst das Taschentuch heraus … und flüchtest in die Welt, die du immer noch mit deiner Mutter teilst … der Basketballspieler hat mittlerweile Karriere gemacht … er ist ein berühmter Sänger geworden … und hat alle Mädchen der Schule zur Freundin … die Tante reißt die Tür auf und erwischt dich, wie du dasitzt und mit einem Taschentuch sprichst … sie schreit dich an, ob du verrückt geworden bist … droht, dich zusammen mit deinem Vater einsperren zu lassen … du schämst dich und hörst auf … aber am nächsten Tag sprichst du wieder mit dem Taschentuch … nur leise diesmal … damit dich keiner hört …«

Obgleich er, wenn er daran zurückdachte, immer noch Scham empfand, verstand er nun, dass die Flucht in die magische Welt des Taschentuchs einzig aus Liebe geschehen war. Damals hatte er begonnen, sein Talent zu entwickeln, sein Einfühlungsvermögen, das ihn von sich selbst absehen hieß: die Voraussetzung dafür, sich wahrhaft in andere hineinversetzen zu können.

Von da an ließ Lys die Finger auf der Taste für den Schnellvorlauf liegen. Nur bei wirklich wichtigen Entscheidungen wurde sie langsamer. Jede dieser Entscheidungen war von seiner ersten Flucht geprägt, und jede Flucht war eine Entscheidung, die ihn unerbittlich an den Punkt führte, an dem er heute stand. Der Unterricht an der falschen Schule, das erste Mal mit dem falschen Mädchen: All das war gut und richtig, weil all das in dem Abend mündete, an dem seine Verzweiflung ihren Höhepunkt erreichte und ihn zu der Konferenz über *Die schlechteste aller möglichen Welten* trieb.

Dort lernte er die Frau seines Lebens kennen und merkte, dass er genau das nicht mehr hatte: ein Leben. Nur wenn er die Kontrolle darüber wiedererlangte, würde er es mit dem Mädchen teilen können. Natürlich lief er wieder davon, ohne allerdings zu wissen, dass es sich diesmal nicht um eine Flucht, sondern um einen Aufbruch handelte.

»… du hältst am Strand … und eilst barfuß dem tosenden Meer entgegen … am Saum der Wellen beginnst du deinen eigenwilligen Tanz … der ersten Welle kannst du noch ausweichen, die zweite durchnässt dich bis an die Knie … irgendwie hast du gar keine Lust zu spielen … du beschließt, zur Mole zu gehen, wo du als kleiner Junge oft auf den Sonnenaufgang gewartet hast … es war dein Traumbüro, in das du niemanden eingelassen hast … jetzt aber kommt es dir leer vor, und die Morgendämmerung ist noch fern … hinter dir erheben sich plötzlich wirre Stimmen … du drehst dich um … Schatten laufen auf dich zu …«

Hier hörte der Film auf.

XLVIII

Als Tomàs die Augen wieder öffnete, war er allein im Becken der Agape.

»Nun, möchtest du fortfahren?«

Fast allein. Hinter ihm stand der Direktor. Er legte ein dröhnendes Vibrato in seine Stimme, wie nur er es vermochte.

»Jetzt, da du den Sinn von allem gesehen hast, weißt du, dass alles einen Sinn hatte. Es war Teil der Aufgabe, die du auf Erden erfüllen musstest. Daher frage ich dich noch einmal: Möchtest du fortfahren?«

»Fortfahren mit welchem Ziel?«

»Mir schien, dass dich die Sehnsucht nach deiner Zwillingsseele hierher geführt hat.«

»Ich habe meine Seele gefunden. Mein Zwilling wird sich schon noch blicken lassen. Sofern sie mich noch will.«

Er konnte das letzte Telefonat mit Arianna nicht vergessen und hatte Angst, abgewiesen zu werden.

»Du hast noch gar nichts gefunden. Wir haben dir nur ein paar Dinge ins Gedächtnis gerufen, die du ohnehin schon wusstest. Jetzt musst du sie in der Dimension deiner Welt nachvollziehen. Da du aus Materie bestehst, musst du dich in Materie ausdrücken.«

»Um lieben zu können, muss ich wiedergeboren werden?«

»Und um wiedergeboren werden zu können, musstest du sterben«, sagte der Direktor. »Es gibt im Sanskrit die Silbe MAR. Das bedeutet ›Ruhe‹ und begegnet uns wieder in Worten wie ›Meer‹ oder ›Mutter‹, in vielen Sprachen auch im Wort für ›Tod‹. Wie jedes Wort kann auch diese Silbe zum Käfig werden. Doch es gibt einen Buchstaben, der ihre Bedeutung verändern kann.«

»Das A«, riet Tomàs.

»Ja. Wenn man ein A davorsetzt, kann man über das MAR hinausgehen. Hinaus über das Meer, hinaus über die Mutter, hinaus über den Tod. AMAR heißt ›lieben‹, und Amor ist der Gott der unsterblichen Liebe.«

»Und ich dachte, ich sei ein für alle Mal tot.«

»In den Thermen der Seele ist man weder tot noch lebendig. Man lebt in einer Zwischenwelt. Um von hier wieder wegzukommen, ist der Tod jedoch ein notwendiger Zwischenschritt.«

»Ich habe Angst.«

»Das ist normal. Der Mensch erlebt den Tod wie die anderen Wechselfälle des Lebens – in Resignation oder Angst. Die Resignation wirf ab, die Angst aber behalte, denn sie verwandelt sich im entscheidenden Moment in Mut.«

»Kann ich nicht hierbleiben?«

»Natürlich, und das würde dir zu Anfang auch vernünftig erscheinen. Aber du bist dir selbst noch nicht genug, im Gegensatz zu Androgyno zum Beispiel. Du brauchst deine Zwillingsseele, um dich weiterzuentwickeln. Wenn du bleibst, lernst du sie nie kennen, und früher oder später wird die Trennung von ihr dein Herz verdorren lassen. Bis du eines Tages merkst, dass du alles wieder vergessen hast.«

Der Direktor legte ihm die Hand auf die Schulter.

»Vergiss nicht: Welche Wahl du auch triffst, sie ist vollkommen und gerecht.«

»Aber wie kann ich dem Tod furchtlos begegnen?«

»Indem du dir die Liebe wünschst, ohne Angst zu haben, sie wieder zu verlieren.«

Tomàs wollte sich zum Gehen wenden, hielt aber noch einmal inne.

»Was ist die absolute Härte für einen Toten?«

»Dass er mundtot ist«, antwortete der Direktor, aber dieses Mal lachte nicht einmal er.

Eine rote Rose in der einen Hand und das Buch in der anderen, geleitete ihn Stella Maris sanften Schrittes aus dem Kreuzgang hinaus. Auf dem Weg raschelten trockene Blätter. Der Herbsthimmel nahm, von der Hitze gereinigt, jenen zarten kobaltblauen Ton an, der bestimmte Nächte unvergesslich werden lässt.

Vor dem Drachenbecken blieben sie stehen. Die Flamingos waren verschwunden, doch zweifelsohne würden sich bald neue Vögel einstellen und darauf warten, dass auch sie von einer befreiten Seele in die Freiheit geführt würden.

Das steinerne Ungeheuer war ebenfalls nicht zu sehen, da ein Vorhang aus rauschendem Wasser vor ihm niederging. »Der Tod ist ein Zwischenschritt«, hatte der Direktor gesagt, und Tomàs erriet, was ihn jenseits des Wasserfalls erwartete.

»Gute Reise, mein Herr. Ich hoffe, Ihr Aufenthalt in den Thermen war zu Ihrer Zufriedenheit«, verabschiedete ihn die Schwarze Vestalin.

»Vielleicht bleibe ich noch ein wenig hier. Ich will nur schnell einen Blick darauf werfen.«

»Bitte vergessen Sie nichts«, versetzte die Schwarze Vestalin, als hätte sie gar nicht zugehört. Bevor sich Tomàs jedoch ins Wasser gleiten ließ, steckte sie ihm die rote Rose an den Bademantel, auf Höhe seines Herzens.

Tomàs ging auf den Wasserfall zu. Mit jedem Schritt nahm seine Entschlossenheit ab. Je lauter das Wasser toste, desto weniger Lust verspürte er, sich dieser gewaltigen und unkalkulierbaren Veränderung zu stellen.

Sein Wunsch, auf ewig der zu bleiben, der er jetzt war, wurde immer stärker, aber er begriff auch, dass genau dieser Wunsch es ist, der die Ängste des Menschen nährt. In seinem Innern brach eine heftige Debatte los, an deren Ende der Entschluss stand, die Entscheidung zu vertagen. Er würde die Meister der Thermen bitten, ihm ein wenig Ruhe zu gönnen, um zu Kräften zu kommen und sich besser auf das Finale vorbereiten zu können.

Mit dieser Lösung war er so zufrieden, dass er ohne jede Angst auf den Wasserfall zuging. Er würde sich die Sache aus der Nähe anschauen und in den kommenden Tagen noch ein paar Mal wiederkehren, bis er sich wirklich bereit fühlen würde.

Plötzlich war durch das Rauschen hindurch ein unverkennbares Lachen zu vernehmen. Man hatte in den Beckenrand ein paar Nischen eingelassen, und in einer dieser Nischen trieb ein Mann mit Sonnenbrille auf dem Wasser, einen verächtlichen Ausdruck auf den Lippen.

»Staub! Du hier?«

»Ich werde Beifall klatschen.«

»Mir?«

»Dem Tod. Der gewinnt immer. Soeben hat er sich deine Freundin geschnappt.«

»Morena?«

»Eine beachtliche Kreatur. Aber auch ihr ist es bestimmt, eines Tages eine faltige Alte und schließlich ein Skelett zu werden. Gott, wie naiv! Sie hat sich in den Wasserfall gestürzt, als handelte es sich um einen Schulausflug. Und ward nicht mehr gesehen.«

Tomàs streckte die Hand aus, nahm ihm die Sonnenbrille ab und entdeckte den mitleidigen Blick in seinen Augen.

»Los, Staub, spring auch hinein. Der Tod existiert nur für jene, deren Herz blind ist. Die Dame mit den Schuhen in der Hand wartet auf dich, damit ihr zusammen Heilung findet.«

»Wer soll schon auf mich warten, du Tor? Nicht einmal ich selbst erwarte mich.«

»Du hältst immer die anderen für Toren ... So war ich früher auch. Jetzt aber weiß ich, dass die eigentlichen Toren wir sind. In seiner vermeintlichen Klugheit übersieht der Zyniker nämlich die größte aller Kräfte: die Illusion.«

»Der Tod ist keine Illusion, mein Freund, sondern Gewissheit. Und zwar die einzige. Verlass endlich den Märchenwald und lande in der Wirklichkeit.«

»Die Liebe *ist* die Wirklichkeit.«

»Dann beweise es mir«, sagte Staub und setzte sich die Sonnenbrille wieder auf die Nase.

Tomàs sah ein, dass man ihn nicht überzeugen konnte, sondern ihm zu eigener Einsicht verhelfen musste. Wie den Flamingos würde auch ihm nur ein Beispiel die Augen öffnen.

Tomàs schnupperte an der roten Rose, die ihm die Vestalin ans Herz geheftet hatte. Der Duft durchdrang ihn und machte ihm Mut. Er drehte seinem Gefährten den Rücken zu und näherte sich dem Wasserfall. Wenn Persönlichkeit in einer ununterbrochenen Abfolge von gelungenen Gesten bestand, dann hatte er jetzt zum ersten Mal das Gefühl, auch eine zu besitzen.

Im Angesicht des Wassers vergegenwärtigte er sich noch einmal Ariannas Lächeln und empfand ein solches Bedürfnis zu lieben, dass er keine Angst mehr vor dem Sterben hatte. Er ließ den Bademantel von seinen Schultern gleiten. Dann begann er den tollkühnsten Countdown der Welt.

»Minus drei … welche Wahl ich auch treffe, sie wird vollkommen und gerecht sein … minus zwei … ich werde aus dem Kopf herauskommen und keine Angst haben, die soeben wiedergefundene Seele zu verlieren … minus eins … bevor ich gehe, muss ich mich fragen, ob ich auch nichts vergessen habe …«

Staub hatte sich wieder in seine Nische zurückgezogen und sah, wie sich Tomàs in die rauschenden Massen stürzte und mit einem eleganten Sprung hinter dem Vorhang verschwand. Einige Minuten lang rührte er sich nicht, dann nahm er seine Sonnenbrille ab und warf sie ins Wasser.

Am Beckenrand klappte die Schwarze Vestalin ihr Buch zu und machte ein Zeichen neben das Gekritzel unter dem Kinderfoto vom ersten Geburtstag: *Dauer des Aufenthalts – noch unbekannt.*

Der Satz bezog sich gar nicht auf Tomàs' Aufenthalt in den Thermen, sondern auf die Dauer seines Aufenthalts in der Dimension, welche die Menschen »Leben« nennen. Tomàs selbst hatte die Bemerkung hingekritzelt, als sich seine Seele zu Beginn seiner irdischen Erfahrung entschieden hatte, in seinen Körper zu schlüpfen.

Seltsam, dass ihm das nicht aufgefallen ist, dachte Stella Maris. Er hätte doch seine Hühnerklaue erkennen müssen.

Epilog

Wo Tomàs jemanden trifft, vor dem er Reißaus genommen hatte, und bei der Lektüre einer Zeitschrift die ein oder andere Überraschung erlebt.

XLIX

Sein erster Gedanke erschien ihm vollkommen und gerecht. Er würde Ariannas Stimme wieder hören, obwohl er den Geldschein mit ihrer Telefonnummer verloren hatte.

Er lag im Salzwasser, fror aber nicht. Er spürte nur die Schwere seines Körpers und die Leichtigkeit aller anderen Dinge. Auch den Geruch des Meeres und die Schwingungen des Lichts nahm er wahr. Sobald seine Kräfte zurückkehrten, erfüllte ihn ein ungläubiges Staunen, und er stieg langsam an die Wasseroberfläche. Nie hatte er das Leben wirklich geliebt, dazu hatte es ihn viel zu sehr geängstigt. Jetzt jedoch schien es ihm ein Komplize zu sein, der ihm helfen würde, seine Wunden zu heilen.

Er schwamm an den äußersten Punkt der Mole, wo er als Junge immer die Morgendämmerung erwartet hatte. Dieses Mal würde er nicht lange warten müssen. Die Sonne kroch schon über den Rand des Horizonts, um den Mond am Himmel abzulösen.

Tomàs fand seine Kleider wieder und auch das Kleingeld, das er hatte fallen lassen, als man ihn angegriffen hatte. Eine rote Rose steckte am Kragen seiner Jacke. Wie auch immer sie dort hingekommen war, als er an ihr schnupperte, fiel ihm alles wieder ein. Der erste Sprung ins eiskalte Wasser und der letzte in die herabstürzenden Wassermassen.

Er ging wieder zum Strand seiner Kindheit, um am Saum der Wellen seinen eigenwilligen Tanz zu tanzen. Der ersten Welle konnte er ausweichen, der zweiten ebenfalls und auch der dritten. Kein einziges Mal holte er sich nasse Füße. Als er sich vollkommen lebendig fühlte, holte er das Auto vom Parkplatz und lenkte es auf die verlassene Uferstraße. Im Scheinwerferlicht tauchte ein Mann auf, der wild mit den Armen fuchtelte. Ein Fischer, ein Schlafwandler, ein morgendlicher Spaziergänger, auf jeden Fall ein Mensch: seine eigene Spezies. Tomàs nahm ihn mit.

»Du kannst dir gar nicht vorstellen, was für eine Nacht ich hinter mir habe«, erzählte der Mann, der Gabriel hieß und unbedingt jemandem sein Herz ausschütten musste. »Meine Freundin hat mich einfach auf der Straße stehen lassen, nachdem sie mir mitgeteilt hatte, dass es endgültig aus sei. Ich habe versucht, per Anhalter weiterzukommen, aber niemand hat mich mitgenommen. Dafür hat mich eine Bande von Tunichtguten bis ans Ende der Mole verfolgt. Glücklicherweise war da ein Mann, also bin ich hingelaufen, habe mich an ihn geklammert und ihn um Hilfe angefleht.«

»Hat er dir denn geholfen?«

»Von wegen. Der Typ hat irgendetwas gebrüllt, das ich nicht verstanden habe, und hat sich dann ins Wasser gestürzt. Meine Verfolger dachten, ich hätte ihn geschubst, und sind vor lauter Angst davongelaufen. Vermutlich wollten sie mich ausrauben. Ich müsste dem Feigling also eigentlich dankbar sein.«

»Vielleicht muss er ja dir dankbar sein.«

»Er war ungefähr so groß wie du, sonst aber ganz anders. Seine Augen quollen aus seinen Augenhöhlen hervor, und sein Gesicht war angstverzerrt … Und du? Was hast du so erlebt heute Nacht?«

»Mich hat man auch nicht ausgeraubt. Ich habe sogar ein paar Sachen wiedergefunden, die ich verloren hatte.«

»Ich dagegen habe die Einzige verloren, an der mir wirklich etwas lag. Wir waren schon seit Monaten nicht mehr zusammen, aber du weißt ja, wie das ist: Solange sich keiner in einen anderen verliebt, bildet man sich immer ein, dass es noch einmal etwas werden könnte. Gestern Abend bin ich dann aufs Ganze gegangen und habe sie ans Meer mitgenommen, wo wir uns zum ersten Mal geküsst hatten.«

»Dass sie gekommen ist, scheint mir ein gutes Zeichen zu sein.«

»Nicht in diesem Fall. Kaum hatte ich sie an mich gezogen, hat sie sich losgemacht und erklärt, sie wolle mir nichts vormachen. Sie habe einen Mann kennengelernt, und zum ersten Mal, seit wir uns getrennt hätten, sei es ihr ernst. Mit ihm sei es, als würde sie fliegen, obwohl sie sich gleichzeitig vollkommen verwurzelt fühle. Angeblich ist mit diesem Typen noch nichts passiert. Sie haben sich nur ein einziges Mal gesehen, und das auch nur flüchtig. Kann sie mich denn wirklich wie einen Sack

Müll stehen lassen, um einem Kerl hinterherzulaufen, den sie nur einmal flüchtig gesehen hat?«

»Hast du sie das auch gefragt?«

»Sie meinte, ich sei eine Brücke zwischen den Ufern ihres Lebens, und kein Mensch könne sein Leben auf einer Brücke verbringen. Es sei für uns beide an der Zeit, endlich eine neue Seite aufzuschlagen, aber sie werde mich immer gernhaben, weil wir uns so viel gegeben hätten.«

»Hast du die Niederlage verteidigt?«

»Da gab es nichts mehr zu verteidigen, also habe ich sie angebrüllt, sie solle verschwinden. Sie hat mir übers Haar gestreichelt, dann ist sie ins Auto gesprungen und hat Gas gegeben. Verstehst du? Er bringt sie zum Fliegen, dieser Typ! Ich aber liege am Boden, zertrampelt wie eine Eidechse.«

»Ich würde die Regenerationsfähigkeit der Eidechsen nicht unterschätzen.«

Tomàs hörte ihm zu, bis sie an eine Bar kamen. Dort würde der Mann von seinen Freunden abgeholt werden. Es war dieselbe Bar, in der Tomàs am Abend zuvor gegessen hatte.

»Es hat mir gutgetan, mit dir zu reden. Ich danke dir für deine Ratschläge«, verabschiedete sich Gabriel.

»Freut mich, dass ich dir helfen konnte«, antwortete Tomàs, der während der Fahrt kaum den Mund aufgetan hatte.

»Und du? Hast du eine Freundin?«

»Ja, seit kurzem. Meine Seele.«

»Verstehe. Dir geht's offenbar noch mieser als mir. Ich wünsche dir aber, dass du eine Frau findest wie die, die ich verloren habe.«

»Jedem die Seine.«

»Ich weiß. Aber für mich wird es nicht leicht sein, noch einmal ein Mädchen wie Arianna zu finden«, seufzte Gabriel und verschwand.

Tomàs blieb sitzen und ließ den Kopf aufs Steuer sinken. Wie viele Ariannas mochte es wohl auf dieser Welt geben? Er hätte ihn wenigstens fragen sollen, ob die seine hohe Wangenknochen und rabenschwarzes Haar hatte.

Als er ausstieg, um sich danach zu erkundigen, sah er Gabriel schon mit seinen Freunden davonfahren. Also betrat er die Bar und bat die Kellnerin, ihm alle Geldscheine zu zeigen, mit denen gestern bezahlt worden war, weil auf einem von ihnen die Telefonnummer seiner Zwillingsseele stehen müsse. Vielleicht hatte er es mit der Sprache der Aufrichtigkeit übertrieben, denn die Kellnerin drohte ihm, die Polizei zu holen. Und die Sanitäter obendrein.

Im Versuch, sie zu beruhigen, griff er nach einer Zeitschrift, die in einem Ständer neben der Kasse steckte. Er zahlte mit dem Kleingeld, das er noch in der Tasche hatte, dem Restgeld von dem Schein von gestern. Erst als er hinausging, sah er auf dem Titelblatt die zwei herzförmigen Lippen prangen.

Die Tochter des Haifischs bekennt: »Könnte ich noch einmal von vorne anfangen, ich würde alles noch einmal genauso ma-

chen!«, verkündete Morena vom Titel herab. Und endlich war Tomàs vollkommen ihrer Meinung.

Er stieg in den Wagen und drehte das Radio lauter, um seine Gedanken zu beruhigen. In den Morgennachrichten hieß es, die bekannte Schauspielerin, die bei einer Kreuzfahrt mit ihren Fans über Bord gegangen war, sei von einem Fischkutter gerettet worden. Ihr gehe es gut. Von dem Surfer, der von den Wellen verschlungen worden war, keine Spur. Eine Leiche sei noch nicht gefunden worden.

L

Tomàs stieg auf den Hügel, der die Stadt überragte. Der kleine Friedhof lag in der Sonne. Jahrelang hatte die traurige Tante ihn hier heraufgeschleift, und auch wenn er lange nicht mehr dagewesen war, konnte er sich noch gut an den Weg erinnern.

Das Grab fand er sofort wieder. Die Gesichter von seinem Vater und seiner Mutter blickten ihn aus den Medaillons an. Zum ersten Mal wurde ihm bewusst, dass beide dasselbe Lächeln hatten.

»Ich werde das Hotel eurer Liebe übernehmen«, sagte er in der Zukunftsform. »Ich werde vielleicht ein paar Thermalbecken einbauen und ein türkisches Bad. Vielleicht auch einen Fitnessraum. Und die Bibliothek werde ich in helle und in dunkle Bücher aufteilen. Von den hellen werde ich vielleicht eines mehr hineinstellen. Ich werde allen zuhören, die ihre Liebe verloren und sich selbst nicht gefunden haben. Ich werde mich in andere hineinversetzen und ihnen Ratschläge geben, wie sie ins Leben zurückfinden können. Das ist meine Aufgabe. Alles ist vollkommen und gerecht.«

Er nahm eine Blumenvase, um sie am nächsten Brunnen zu füllen. Als er sich hinabbeugte, um das zu tun, sah er auf der Wasseroberfläche das Spiegelbild seines Lächelns. Es war ein ernstes Lächeln, bei dem sich die Lippen kaum verzogen, und aus den zusammengekniffenen Augen trafen ihn zwei Blitze.

Er nahm die rote Rose, die immer noch an seiner Jacke steckte, und stellte sie in die Vase. Dann setzte er sich auf die Grabsteinkante.

»Ich habe das Märchen zu Ende gelesen, Mama«, sagte er.

Mehr war dem nicht hinzuzufügen. Das Schweigen ist die Sprache der Götter, aber hin und wieder tut es auch den Menschen gut.

Um sich von seinen Gefühlen abzulenken, griff er nach der Zeitschrift, die er immer noch in der Tasche hatte. Er wollte das Interview mit Morena lesen, stieß aber zufällig auf die Märchenseite.

Zunächst wollte er schnell weiterblättern, hielt aber dann inne. Immer noch dachte er an Arianna. Er hatte keine Ahnung, wie er sie wiederfinden sollte, doch die Innere Stimme redete ihm gut zu. Bald schon würde er ihr begegnen.

Ja, sehr bald schon.

Es war einmal – und ist noch immer – eine junge Philosophiestudentin, die für eine Zeitung gefühlsduselige Geschichten schrieb und sie mit dem Namen eines Engels zeichnete. Das Mädchen hatte einen Traum, lief aber immer noch den falschen Männern nach. Bis sie schließlich mit ihrer Seele Frieden schloss und bereit war umzublättern, um die letzte Zeile des Märchens zu lesen.

Die Intuition führte sie auf eine Konferenz, die mit ihrem Traum eigentlich gar nichts zu tun hatte. Doch wer sucht, was er liebt, wird am Ende lieben, was er findet. Am Saalausgang spürte sie, wie jemand sie am Ärmel zupfte. Sie sah einen Mann, der nur aus Brillengläsern und verwuscheltem Haar zu bestehen schien, und mit einem Mal hatte sie das Gefühl, ein Mann mit Brille und verwuscheltem Haar habe sich in ihrem eigenen Innern zurückgemeldet.

Als er sie fragte, was ihr Traum sei, antwortete sie in der Sprache der Aufrichtigkeit: meine Zwillingsseele finden. Zunächst konnte sie es kaum fassen, dass sie einem Fremden ihre innersten Wünsche verraten hatte, dann aber merkte sie, dass irgendetwas mit ihr geschah. Sie hatte plötzlich das Gefühl, vollkommen verwurzelt zu sein und gleichzeitig zu fliegen. Sich im Blau zu verlieren.

Liebe Leserin, lieber Leser, lass den Mut nicht sinken. Früher oder später – eher früher als später – wird auch in deinen Träumen der Klang der Flöte ertönen.

»Nun, da deine Seele zu lieben gelernt hat, suche deinen Zwilling, und erhebt euch gemeinsam in die Lüfte.«

»Meine Zwillingsseele finden! Wie soll das denn gehen?«

»Um dich im Blau zu verlieren, musst auch du umblättern …«

Michael

»Wenn sich hier jemand einen Scherz erlaubt, dann lese ich nie wieder Märchen, das schwöre ich«, sagte unser Held.

Und blätterte um.

Unter den Fotos der Mitarbeiter der Zeitschrift, neben dem Namen Michael, entdeckte er das Bild von einem Mädchen mit ernstem Lächeln, hohen Wangenknochen und rabenschwarzem Haar.

Er erkannte sie sofort. Sie war seine Seele.

»Wenn ihr das Männliche und das Weibliche zu einem einzigen Wesen macht, sodass das Männliche nicht nur männlich und das Weibliche nicht nur weiblich ist, dann werdet ihr in das Königreich eingehen.«

Thomas-Evangelium, 22

Ende der ersten Klasse

Danksagung

Dieses Buch verdankt sich einzig und allein Elisa Galletta, die mich in Welten eingeführt hat, die sie bereits kannte, in denen sie aber ohne mich nicht mehr leben konnte.

Viel verdankt es auch den Lehren von Alfredo Di Prinzio, dem Meister ebenso intensiver wie wirksamer spiritueller Methoden.

Und den Aphorismen des unvergesslichen Frater Enrico, der mich Griechisch, Latein und das Leben lehrte.

Und den Leserbriefen, die ich für meine Rubrik »Herzen im Spiegel« erhalten habe.

Mit Rat und Tat zur Seite standen mir: Luigi Brioschi, Federica Chiarmetta, Italo Cossavella, Guglielmo Cutolo, Gabriele Ferraris, Marisa Fiussello, Valentina Fortichiari, Cristina Foschini, Manuela La Ferla, Anna Laura Mantovani, Stefano Mauri, Francesca Papasergi, Paolo Sbuttoni und Alessia Ugolotti – in alphabetischer Reihenfolge, weil ich sie alle gleichermaßen schätze.

Die Illustrationen stammen von Paolo d'Altan. Und wer die Lieder des Geschichtenerzählers zu Melodien von Fabrizio De André zu singen versuchen will, ist dazu herzlich eingeladen.

Das Leben ist schön

320 Seiten. ISBN 978-3-424-63037-4

Die Eisbären sterben aus, und auf dem Arbeitsmarkt geht es ruppig zu. Mal ehrlich: Kann man in einer solchen Welt noch glücklich sein? Ja, man kann. Neil Pasricha lenkt den Blick auf die kleinen, wunderbaren Dinge, die uns fühlen lassen, dass das Leben einfach FANTASTISCH ist.

»Zum Schreien komisch.« *Wired Magazine*

KAILASH

Überall, wo es Bücher gibt, und unter www.kailash-verlag.de